Durch die Jahreszeiten

mit Landfrauenrezepten

Herausgeber: Kreisverband der Landfrauenvereine des Kreises Stade

und

Kreissparkasse Stade

Gestaltung und Herstellung: HesseDruckGmbH, Stade

Fotos: Fotostudio Jutta Schwolow, Horneburg

1. Auflage Herbst 2002, ISBN 3-933996-23-6

Ein Wort von der Kreissparkasse

Nach den Bestsellern „Süße Rezepte“ und „Himmel und Erde“ ist der Vorstand des Kreisverbandes der Stader Landfrauen mit der Idee an uns herangetreten, gemeinsam ein drittes Kochbuch herauszugeben.

Wir haben keinen Moment gezögert, das Projekt in Angriff zu nehmen, wissen wir doch aus unmittelbarem Erleben um den Leistungswillen, die Kreativität und das Können der Landfrauen im Kreis Stade.

Bedingt durch die großen Erfolge der beiden Vorgänger lag die Meßlatte für das dritte Kochbuch von vornherein sehr hoch. Mit dem jetzt vorliegenden Werk „Jahreszeiten“ ist es jedoch allen Beteiligten vorzüglich gelungen, die selbstgesteckten, hohen Ansprüche zu erfüllen. Bravo!

Auf einer kulinarischen Reise durch die Jahreszeiten präsentieren Ihnen die Autorinnen Rezepte für eine bunte Vielfalt unterschiedlicher Gerichte. Regionale Küche vom Feinsten, die mit frischen, gesunden Zutaten arbeitet und Raum für eigene phantasievolle Weiterentwicklungen offenläßt.

Unser besonderer Dank gilt, stellvertretend für alle beteiligten Landfrauen, dem Vorstand des Kreislandfrauenverbandes Stade für die gute, zielführende Zusammenarbeit sowie der Firma Waller, Fachgeschäft im Goos-Haus, für die Geschirr-Leihgaben und der Fachschule für Hauswirtschaft für die Bereitstellung von Räumlichkeiten.

Wir wünschen Ihnen viel Vergnügen beim Lesen und Nachkochen. Und natürlich: Guten Appetit!

Kreissparkasse Stade

Der Vorstand

Fitschen Klintworth

Durch die Jahreszeiten mit Landfrauenrezepten.

Viele Landfrauen aus allen zehn Vereinen des Kreisverbandes Stade haben wieder einmal neue und bewährte Rezepte für ein drittes Koch- und Backbuch ausprobiert und gesammelt. In diesem Buch „Jahreszeiten" stellen wir unsere Ideen vor. Wir hoffen, dass es ebenso erfolgreich sein wird, wie die bisher erschienenen Bücher „Süße Rezepte" und „Himmel und Erde". Verwendet und verarbeitet werden Zutaten, wie z. B. Obst, Gemüse, Fisch und Fleisch, die zu den entsprechenden Jahreszeiten hier, in unserer Region, dem Landkreis Stade wachsen und reifen, bzw. auf dem Markt angeboten werden. Sicherlich, heute sind viele qualitativ hochwertige Lebensmittel, konserviert, tiefgefroren oder fachgerecht gelagert, ganzjährig zu bekommen. Wir empfehlen in diesem Buch, die frischen Angebote der Saison zu nutzen.

Ein großer Dank gilt allen Landfrauen, die an den Vorarbeiten zur Herstellung dieses Buches beteiligt waren, die Rezepte gesammelt, Vorschläge gemacht, die gekocht, gebacken, sortiert, getippt, korrigiert und beraten, die uns bei den Fototerminen unterstützt und für Dekoration, Zutaten und Zubehör gesorgt haben. Wir danken der Firma Waller, die uns großzügig Geschirr zur Verfügung stellte und dem Kollegium der Hauswirtschaftsschule in der Wiesenstraße, für die Erlaubnis, die Räumlichkeiten zu nutzen.

Ein besonderer Dank gilt der Kreissparkasse in Stade, die uns dieses Projekt ermöglicht hat. Danke für die gute Zusammenarbeit.

Nun laden wir Sie ein, mit uns eine kulinarische Reise durch das Jahr zu machen. Lassen Sie sich überraschen von unseren köstlichen Ideen für den Frühling, den Sommer, den Herbst und den Winter.

Renate Kühlcke-Schmoldt

1. Vorsitzende
Kreisverband der Landfrauenvereine Stade

Ein Jahresrezept

Man nehme zwölf Monate,
putze diese ganz sauber
von Bitterkeit, Geiz,
Pedanterie und Angst.
Dann teile man jeden Monat
in dreißig oder einunddreißig Tage,
so dass der Vorrat genau
für ein volles rundes Jahr reicht.
Es wird jeder Tag einzeln zubereitet
aus einem Teil Arbeit
und zwei Teilen guter Laune und Zuversicht.
Man füge hinzu:
drei gehäufte Esslöffel Humor,
einen Teelöffel Großzügigkeit,
ein Körnchen Ironie
und eine kräftige Prise Takt.
Dann wird die Portion sehr reichlich
mit Zuneigung übergossen.
Das fertige Gericht dekoriere man
mit einem Sträußchen netter Worte und Aufmerksamkeiten
und serviere es täglich mit Heiterkeit.

Vielfalt ist der beste Koch!

Spargel und Erdbeeren im Dezember, Grünkohl im Juli, Broccoli und knackige Weintrauben das ganze Jahr über.

Wir sind es gewohnt, nach Lust und Laune zu speisen. Ausgewogen und vielseitig soll es sein, mit viel frischem Obst und Gemüse.

Doch ob dieses bei uns gerade Saison hat oder aus fernen Landen kommt, darauf achten wir längst nicht immer oder haben es schon fast verlernt.

Dabei bietet die heimische Küche das ganze Jahr über alle Zutaten für einen abwechslungsreichen, leckeren und gesunden Speiseplan.

Saisonale Lebensmittel haben ihre natürliche Reife, ihr volles Aroma und enthalten oft mehr wertvolle Inhaltsstoffe als weitgereistes Gemüse und Obst. Kurze Transportwege und Lagerdauer verringern dazu eventuelle Nährstoffverluste. Das jahreszeitliche und regionale Marktangebot ist häufig preiswerter. Nicht zu vergessen, dass kurze Wege einen Beitrag zur Schonung der Umwelt leisten. All das spricht auch für den Kauf beim Bauern bzw. Direktvermarkter in der Nähe, und Nähe schafft Vertrauen in die Qualität der Lebensmittel.

Auch in der kalten Jahreszeit, wenn einem der Sinn besonders nach deftigen Speisen steht, decken saisonale und regionale Produkte den Nährstoff- und Vitaminbedarf gesunder Erwachsener. Neben Zwiebelgewächsen wie Porree eignen sich an Gemüse vor allem die Kohlsorten, Wurzeln und Sellerie. Endivien und Feldsalat sowie Chicoree und Rote Beete runden das Angebot ab. Exotische oder weitgereiste Gemüse- und Obstsorten müssen im Winter nicht unbedingt sein, um den Vitaminbedarf zu decken. So enthält einheimischer Grünkohl genau soviel Vitamin C wie die gleiche Menge Paprika und sogar doppelt soviel wie Apfelsinen. Als gelegentliche Bereicherung des Speisezettels sorgen die „Exoten“ natürlich für zusätzliche Abwechslung, und Abwechslung tut immer gut.

Gemüse und Obst sind die Lebensmittel mit der höchsten Nährstoffdichte, d. h. sie liefern viele wertvolle Inhaltsstoffe bei vergleichsweise wenig Energie. Vor allem die wichtigen Vitamine C, B1 und Carotin sowie die Mineralstoffe Kalium, Magnesium und Eisen, aber auch Ballaststoffe und sekundäre Pflanzenstoffe stellen Obst und Gemüse zur Verfügung. Daher: Nimm „5“ am Tag. Fünf Portionen Gemüse und Obst pro Tag, möglichst frisch, kurz gegart, schonend konserviert oder auch als Saft können langfristig vor Herz-Kreislauferkrankungen und Krebs schützen.

Ein Stück gutes Fleisch als Beilage ist aufgrund seines hohen Gehalts an Eisen, Vitamin B1, B6 und B12 von Vorteil. Zwei bis drei Portionen pro Woche reichen aus ernährungsphysiologischer Sicht jedoch aus. Seefisch und Eier gehören ebenfalls auf den wöchentlichen Speiseplan.

Brot und andere Getreideprodukte, am besten aus Vollkorn sowie Kartoffeln gehören täglich auf den Tisch. Sie enthalten wie Obst und Gemüse Ballaststoffe, Vitamine, Mineralstoffe und sekundäre Pflanzenstoffe. Dabei ruhig das Brot etwas dicker und den Belag etwas dünner schneiden.

Milch und Milchprodukte, möglichst nicht nur die „fetten" Varianten, versorgen uns ausreichend mit Calcium und sind daher jeden Tag wichtig.

Fettreiche Speisen schmecken besonders gut. Zuviel Fett begünstigt jedoch Übergewicht und fördert Herz-Kreislauferkrankungen und Krebs. Pro Tag sind 70–90 Gramm genug, d. h. ungefähr 1/3 weniger als die derzeitig übliche Menge. Fleisch an sich ist heute nicht mehr sonderlich fettreich, bei der Wurst gibt es jedoch erhebliche Unterschiede. Hier ist auf versteckte Fette zuachten. Für die Küchenzubereitung sollten Sie zudem wenig aber hochwertige Öle und Fette auswählen, möglichst aus pflanzlicher Herkunft wie z. B. Rapsöl aus heimischem Anbau. Übrigens: Auf die Butter muß ein gesunder Mensch nicht verzichten. In Rezepten mit Sahne, Crème fraîche usw. reichen oft kleinere Mengen als die angegebenen. Statt Sahne geben Kondensmilch oder Milch oft auch einen sehr guten Geschmack. Die wesentlich fettärmere saure Sahne ersetzt Crème fraîche und Sauerrahm. Ein Versuch macht klug.

Unsere Lebensmittel sind im wahren Sinne des Wortes „Mittel zum Leben". Es gibt keine „gesunden" oder „ungesunden" Lebensmittel. Auf die Auswahl, Menge und Kombination kommt es an.

Gut essen macht immer noch Lust und Laune. Und dies um so mehr, wenn es dazu noch das Richtige ist für Leib und Seele.

Dieses Kochbuch macht Lust und Laune von der ersten bis zur letzten Seite, von A wie Apfelschaum bis Z wie Zucchiniauflauf.

Karin Reinking
Ländlich-hauswirtschaftliche Beratung
Landwirtschaftskammer Hannover
Kreisstelle Stade

FRÜHLING

Frühlingsluft

Die Natur erwacht aus ihrer Winterruhe. Ostern steht vor der Tür. Für das Fest sind leichte und pikante Eiersalate eine willkommene Abwechslung zum Osterbrunch. Oder wie wäre es mit einem leckeren Lammbraten zum Familientreffen?

Werden die Tage länger und steht die Sonne höher am Himmel, sprießt der Spargel in unserer Region aus den Dämmen. Der Spargel ist eine Gaumenfreude, die man sich nicht entgehen lassen sollte.

Besonders gut schmeckt der Spargel, wenn er erntefrisch direkt vom Erzeuger auf den Tisch kommt. Seine vielfältigen Zubereitungsmöglichkeiten sind raffiniert und äußerst interessant. Ob klassisch, mit neuen Kartoffeln, Buttersoße und Schinken, oder mal eine neue Variation, probieren sie unsere Vorschläge. Spargel hat einen sehr hohen Ernährungswert, ist kalorienarm und reich an Vitaminen und Mineralstoffen. Seine entwässernde Wirkung ist bekannt.

Im späten Frühjahr leuchten dann die süßen Erdbeeren auf den Feldern und in den Gärten. Auch diese leckeren Früchte sind vielseitig zu verwenden und zu genießen. Kennen sie schon den Spargel-Erdbeersalat oder die Erdbeer-Lasagne?

Der Frühling bietet viele kulinarische Ideen. Blättern sie die nächsten Seiten durch!

Viel Spaß beim Lesen, Kochen und Schlemmen.

Katrin Böhn

Kreisvorstand

Suppen und Vorspeisen

Spargelcocktail

Für 4 Personen

500 g Spargel
1 Dose Mandarinen,
100 g Kochschinken,
3 EL Mayonnaise,
3 EL Joghurt,
1 TL Tomatenketchup,
Salz,
Zucker,
Zitronensaft

Den Spargel schälen und in ca. 3 cm lange Stücke schneiden.

In Salzwasser ca. 15 Min. garen, abtropfen und auskühlen lassen.

Mandarinen abtropfen lassen, den Kochschinken würfeln und alles vermengen.

Die Zutaten für die Salatsoße vermengen und pikant abschmecken und zum Salat geben, kurz durchziehen lassen.

Spargelcocktail mit Krabben

Für 4 Personen

250 g Krabbenfleisch,
Saft einer Zitrone,
400 g Spargel,
1 B. Joghurt,
2 EL Öl,
1 EL Ketchup,
Paprikapulver,
Salz,
Pfeffer,
Worcester Soße,
1 EL Petersilie,
1 TL Dill,
8 Salatblätter

Das Krabbenfleisch mit Zitronensaft marinieren. Den Spargel schälen, in ca. 1–2 cm lange Stücke schneiden und kochen.

Aus Joghurt, Ketchup, Öl, Paprikapulver, Salz, Pfeffer und Worcester Soße eine würzige Marinade herstellen und über die Krabben und den gut abgetropften Spargel geben.

Kräuter hacken und alles vorsichtig vermengen.

Salat waschen und in dünne Streifen schneiden, Gläser damit auslegen und den Cocktail darauf verteilen.

Mit einem kl. Dillzweig garnieren.

Spargelragout in Pasteten

Für 4 Personen

1 P. Blätterteig,
500 g weißer Spargel,
500 g grüner Spargel,
40 g Butter,
40 g Mehl,
1/4 l Spargelwasser,
1/8 l Sahne,
1 Eigelb,
Zitronenpfeffer,
Worcester Soße,
200 g Rindersaftschinken

Blätterteig auftauen lassen und mit zwei verschieden großen Gläsern Ringe ausstechen. Je zwei mit Eiweiß bestrichene Teigringe auf eine Teigscheibe legen und im Backofen backen (Backzeit s. Packung), die kleinere Teigscheiben als Deckel abbacken oder fertige Pasteten vom Bäcker kaufen.

Den weißen Spargel schälen und sowohl den weißen als auch den grünen Spargel in Stücke schneiden, mit Salz und Zucker in wenig Wasser kochen.

Aus Butter, Mehl, Sahne, Spargelwassser, Zitronenpfeffer und Worcester Soße eine Schwitze herstellen und mit einem Eigelb legieren.

Den Rindersaftschinken würfeln.
Alle Zutaten vermischen und in die Pasteten einfüllen.
1 Bd. junge Möhren (etwas Grün dranlassen) kochen und als Dekoration neben den Pasteten anrichten.

Spargel auf Räucherlachs

Für 4 Personen

1 kg Spargel,
1/4 l Wasser,
1/2 TL Salz,
1 Prise Zucker,
200 g Räucherlachs in dünnen Scheiben,

3 EL Kräuteressig,
3 EL Öl,
3 EL Wasser,
Salz, Pfeffer,
Zucker,
gehackte Kräuter

Den Spargel schälen und ca. 15 Min. garen, abtropfen und abkühlen lassen.

Den Räucherlachs portionsweise in Schälchen geben und den Spargel darauf anrichten.

Aus den übrigen Zutaten eine Marinade herstellen und kräftig abschmecken.

Fein gehackte Kräuter dazugeben und über den Spargel geben.

Dazu passt Baguette oder Toast

Spargel-Tomatensuppe

Spargel-Tomatensuppe

Für 4 Personen

500 g Bruchspargel,
1 l Wasser,
40 g Butter,
1/2 TL Zucker,
1/8 l Sahne,
2 gr. Fleischtomaten,
10 Basilikumblätter,
frisch gem. Pfeffer,
Salz,
1 EL Zitronensaft

Die Spargelschale 15 Min. kochen, auf ein Sieb gießen und das Spargelwasser auffangen.

Die geputzten Spargelstückchen in der erhitzten Butter andünsten, mit Zucker bestreuen und mit dem Spargelwasser und der Sahne aufgießen. 15 Min. leicht kochen.

Tomaten häuten und in kleine Würfel schneiden.

Die Basilikumblätter in feine Streifen schneiden und in die Suppe geben.

Mit den Gewürzen und Zitronensaft abschmecken.

Gefüllte Champignons

Für 4 Personen

8 große Champignons,
3 Zwiebeln,
100 g Mettwurst,
1 EL Butter,
100 g Gouda,
1/2 Bd. Petersilie,
Salz,
Pfeffer,
Paprika

Die Champignons von den Stielen befreien. Stiele, Zwiebeln und die Mettwurst fein würfeln und mit der Butter, dem geriebenen Käse und der gehackten Petersilie vermengen.

Mit etwas Salz, Pfeffer und Paprika abschmecken. Die Masse in die Champignonköpfe füllen und in eine gebutterte Auflaufform setzen.

Bei 200 °C ca. 15 Min. garen.

Dazu schmeckt Baguette.

Spargelsuppe mit Ananas

Spargelsuppe mit Ananas

Für 4 Personen

1 kg Spargel,
1 l Wasser,
Salz,
Zucker,
1 EL Butter,
1 geh. EL Mehl,
1 Tasse fein geschnittene Ananas,
4 EL Sahne,
gekörnte Brühe,
Curry,
Pfeffer,
Salz

Den Spargel schälen, in kleine Stücke schneiden, mit Salz und Zucker in dem Wasser ca. 15 Min. garen.

Dann abgießen, das Wasser aufbewahren.

Aus Butter und Mehl eine Mehlschwitze herstellen, mit dem Spargelwasser ablöschen, aufkochen lassen und abschmecken, dann Ananas und Spargel darin heiß werden lassen, mit Sahne verfeinern.

Vegetarischer Brotaufstrich

200 g Sonnenblumenkerne,
100 g Butter,
1 TL Gemüsebrühe,
1 EL Majoran,
1 kl. Zwiebel,
1 Knoblauchzehe

Alle Zutaten in ein hohes Gefäß geben und mit dem Pürierstab oder in der Küchenmaschine bis zur gewünschten Konsistenz pürieren.

In Schälchen füllen, mit Folie verschließen und kaltstellen.

Statt kaltstellen: Schmalzbrote servieren, dazu Oliven.

Martins Oliven

Grüne oder schwarze Oliven,
Olivenöl,
Knoblauch,
Balsamico Essig,
Oregano oder Thymian

Oliven in einer beschichteten Pfanne leicht anbraten bis die Feuchtigkeit verdunstet ist, dann etwas Olivenöl zugeben und weiterbraten.

Knoblauch, Essig und Gewürz nach Geschmack zufügen und warm oder kalt zu Weißbrot reichen.

Hauptgerichte

Pilz Cannelloni

Für 4 Personen

2 Zwiebeln, 1 Knoblauchzehe, 100 g Champignons, 5 Tomaten, 1 EL Öl, 1 TL Rosmarin, 1 TL Thymian, Salz, Pfeffer, 16 Cannelloni, 250 ml Brühe, 250 ml Sahne, 150 g ger. Hartkäse	Gemüse putzen und in Würfel schneiden. Zwiebeln und Knoblauch in Öl andünsten, Champignons und Tomaten zufügen, mit Kräutern, Salz und Pfeffer abschmecken. Kurz durchgaren. Die Cannelloni mit der Gemüsefüllung füllen und in eine feuerfeste Form geben. Brühe mit der Sahne aufkochen und über die Cannelloni gießen, den geriebenen Käse darüber streuen. Ca. 40 Min. bei 175 °C backen.

Nudelomelett

Für 4 Personen

300 g Bandnudeln, 4 EL Butterschmalz, 6 Eier, 300 g TK Rahmwirsing, Salz, Pfeffer, Petersilie, 3 EL Parmesan, 100 g Möhren, 250 g Mozzarella	Nudeln bissfest garen, dann im Butterschmalz schwenken. Eier verquirlen und den aufgetauten Rahmwirsing dazugeben. Mit Salz, Pfeffer, Petersilie würzen, Parmesan und fein geraspelte Möhren dazugeben. Nudeln und Gemüsemasse in eine Pfanne geben und verrühren, mit Mozzarella belegen, die Pfanne verschließen und bei mittlerer Hitze langsam stocken lassen.

Spaghetti Pizza

Für 2 Personen

200 g Spaghetti,
2 Eier,
Salz,
Pfeffer,
Thymian,
1 EL Öl,
1–2 Zwiebeln,
1 Knoblauchzehe,
2 EL Öl,
3 EL Tomatenmark,
40 g Salami,
150 g Thunfisch,
100 g Mozzarella

Die Spaghetti bissfest garen.

Eier mit den Gewürzen verrühren und mit den Nudeln vermischen.

Die Zwiebeln und die Knoblauchzehe putzen und würfeln, Öl in der Pfanne erhitzen und Zwiebeln und Knoblauch glasig dünsten und herausnehmen.

Die Spaghettimasse in die Pfanne geben und bei mittlerer Hitze von beiden Seiten braten.

Den Belag mit den Zwiebeln auf den Spaghettifladen geben.

Den Deckel auf die Pfanne setzen und 5–10 Min. bei milder Hitze braten.

Puten-Salbeispieße

Für 6-8 Personen

12 dünne Putenschnitzel,
Salz,
Pfeffer,
36 dünne Scheiben Frühstücksspeck,
2 Bd. Salbei,
4–5 EL Rapsöl,
Metall- oder Holzspieße

Putenschnitzel mit Salz und Pfeffer würzen, mit je drei Scheiben Speck und 3 Salbeiblättern belegen.

Die Schnitzel von der langen Seite her aufrollen und in dicke Scheiben schneiden.

Auf Spieße stecken und mit Öl bestreichen. Auf ein geöltes Backblech legen und bei ca. 200 °C 15 Min. garen. Zwischendurch einmal wenden.

Weißer und grüner Spargel

– klassisch, mit holländischer Soße oder Kräuterschaumsoße –

Für 4 Personen

1 kg weißen Spargel, 1 kg grünen Spargel, 1/2 l Wasser, 1 TL Salz, 1 Prise Zucker, 1 TL Butter	Wasser, Salz, Zucker und Butter aufkochen, den vorbereiteten Spargel (der gr. Spargel muss nur am unteren Ende geschält werden) in ca. 15–20 Min. garen.

Holländische Soße

3/8 l Fleisch- oder Gemüsebrühe (Spargelwasser), 1 gestr. EL Stärkemehl, 2 Eigelb, Salz, 1 Prise Zucker, 65 g Butter, 2–3 Tropfen Zitronensaft, 1 Prise Muskat	Brühe mit Stärkemehl, Eigelb, Salz und Zucker abschlagen, d. h. während des Aufkochens ständig mit dem Schneebesen oder Handrührgerät schlagen. Weiche Butter dazugeben, mit Zitronensaft und Muskat abschmecken. Wenn Sie eine fertige Soße verwenden, mit etwas Crème fraîche und/oder Weißwein verfeinern.

Kräuterschaumsoße

1 EL Butter, 2 EL Mehl, 1/2 l Spargelwasser, 1 Eigelb, 1 geschlagenes Eiweiß, je 1/2 EL Basilikum, Liebstöckel, Petersilie, Salz, Pfeffer	Die Butter erhitzen, das Mehl zufügen und mit dem Spargelwasser ablöschen. Das Eigelb und den Eischnee unterheben. Zuletzt die fein gehackten Kräuter zur Soße geben und abschmecken. Die Soße vor dem Servieren über den Spargel geben. Dazu reicht man Schinken und neue Kartoffeln.

Weißer und grüner Spargel

Spargeltopf

Für 4 Personen

600 g Putenfleisch,
1 Zwiebel,
etw. Öl,
1200 g Spargel,
600 ml Geflügelbrühe,
200 ml Weißwein,
1 Bd. Möhren,
2 kl. Kohlrabi,
Salz,
Pfeffer,
2 EL Kräuter

Das Fleisch in Streifen schneiden und in heißem Öl kräftig anbraten, die gewürfelte Zwiebel zugeben und kurz dünsten.

Alles aus dem Topf nehmen.

Den geschälten Spargel in ca. 3 cm große Stücke schneiden.

Den Bratensatz mit Brühe und 1/8 l Wasser aufkochen.

Das in Scheiben geschnittene Gemüse und den Wein zugeben und ca. 15. Min. bissfest garen, Putenfleisch zufügen und mit Gewürzen und Kräutern abschmecken.

Dazu passt Reis oder Baguette mit Schnittlauchbutter.

Spargel-Nudelauflauf

Für 2 Personen

300 g Spiralnudeln,
250 g Brokkoli,
250 g grüner Spargel,
250 g weißer Spargel,
Butter,
Salz,
200 ml Spargelwasser,
200 g Kräuterfrischkäse,
100 g Sahne,
100 g ger. Käse

Nudeln mit wenig Salz in reichlich Wasser garen, Brokkoli in kleine Röschen teilen und 5 Min. garen, Spargel schälen und in kleine Stücke schneiden, ca. 15 Min. garen.

Spargelwasser mit Käse und Sahne glattrühren.

Alle Zutaten in eine Auflaufform schichten, Soße darüber geben und mit dem geriebenen Käse bestreuen.

Im vorgeheizten Backofen ca. 10 Min. bei 200 °C backen.

Spargelragout

Für 4 Personen

600 g Fleisch vom Hähnchen, Pute oder Schweineschnitzel,
500 g Spargel,
250 g Möhren,
100 g TK Erbsen,
1 EL Butter,
1/4 l Weißwein,
1–2 EL heller Soßenbinder,
3 EL Sahne,
Pfeffer,
Muskat,
1 Pr. Zucker,
1 Bd. Kerbel

Putenfleisch waschen, trocken tupfen und in Streifen schneiden.

Spargel und Möhren waschen und schälen. Gemüse in kurze Stücke, bzw. Scheiben schneiden, Butter erhitzen und das Fleisch darin kurz anbraten, Möhren zufügen und kurz mitschmoren und mit 1/4 l Wasser ablöschen.

Spargel zufügen, mit Salz würzen und etwa 5 Min. garen. Erbsen zufügen und weitere 5 Min. garen.

Mit Weißwein auffüllen, Soßenbinder einrühren. Mit Sahne, Salz, Pfeffer, Muskat und Zucker abschmecken. Kerbel waschen, hacken und über das Ragout geben.

Dazu schmecken Wildreis oder Nudeln.

Spargelpizza

Für 4 Personen

600 g geschälter Spargel,
3 Scheiben gek. Schinken,
1 P. TK Blätterteig,
1 Tüte Soße Hollandaise,
150 g Kräuterfrischkäse

Spargel waschen, in kleine Stücke schneiden und in 500 ml Salzwasser kochen und abtropfen lassen.

Den Schinken würfeln. Den Blätterteig antauen und auf einem gefetteten und bemehlten Backblech ausrollen.

Die Tüte Soße hollandaise in 1/8 l Spargelwasser einrühren und zum Kochen bringen.

Den Kräuterfrischkäse bei geringer Hitze unterschlagen.

Den Teig bei 220 °C ca. 7 Min. vorbacken, danach mit der Soße bestreichen. Spargel und Schinkenwürfel darauf geben und noch ca. 10 Min. backen.

Überbackenes Lachsfilet mit Spargel

Für 2 Personen

4 Lachsfilet, Salz, Butter, 500 g Spargel, 4 gr. Käsescheiben;	Die Lachsfilets salzen und in eine mit Butter gefettete Auflaufform geben und 25 Min. bei 200 °C garen. Den Spargel schälen, evtl. in Stücke schneiden und in 15 Min. bissfest garen.
für die Soße: 100 ml Fischfond, 100 ml Weißwein, 125 ml Sahne, Dill, Salz 1 EL Soßenbinder oder Stärkemehl	Den Spargel auf das Lachsfilet geben und mit Käse belegen und kurz überbacken bis der Käse zerläuft. Die Zutaten für die Soße verrühren, erhitzen, etwas binden und zum Fisch reichen. Dazu passen Salzkartoffeln oder Reis.

Hähnchenschnitzel mit Blattspinat

Für 4 Personen

6 Hähnchenschnitzel, etwas Öl, ca. 500 g TK Blattspinat, 2 B. Schmand, 2 B. Sahne, Salz, Pfeffer, Muskat, 150 g Käse	Hähnchenschnitzel salzen und Pfeffern und in Öl scharf anbraten. TK Blattspinat ca. 8 Minuten in der Mikrowelle erwärmen, mit Salz, Pfeffer und Muskat würzen. Oder 500 g frischen Spinat vorbereiten, d. h. putzen, in Butter und wenig Wasser dünsten. Hähnchenfleisch in eine Auflaufform legen, den Spinat über das Fleisch verteilen. Schmand und Sahne verquirlen, mit Salz, Pfeffer und Muskat würzen und über den Spinat gießen. Mit den geriebenen Käse bestreuen und so lange backen bis der Käse gebräunt ist.

Hähnchenschnitzel mit Blattspinat

Deichlamm

Für 6 Personen

2 kg Lammkeule,
1 l Buttermilch,
1 TL Salz,
1 EL Senf,
1 EL Tomatenmark,
Basilikum, Rosmarin,
Pfeffer,
2 Knoblauchzehen,
100 g Butter,
1/4 l Weißwein,
1/8 l saure Sahne,
2 EL Mehl

Die Lammkeule über Nacht in Buttermilch einlegen. Besonders gut eignen sich dafür Gefrierbeutel. Buttermilch und Fleisch hineingeben und fest zubinden.

Das trockengetupfte Fleisch mit den Gewürzen einreiben, mit heißer Butter übergießen und 2 1/2 Stunden bei 180 °C im Backofen im geschlossenen Bräter oder Bratschlauch garen.

Den Bratensaft mit dem Weißwein und der sauren Sahne auffüllen und abschmecken.

Das Mehl in etwas Wasser anrühren und die Soße damit andicken.

Das Fleisch vor dem Anschneiden etwas ruhen lassen, damit sich der Fleischsaft setzt.

Schollenfilet im Spinatbett

Für 4 Personen

300 g frischer Blattspinat oder TK Blattspinat,
Salz,
Pfeffer,
Muskat,
250 g Champignons,
800 g Schollenfilet,
1 B. Crème fraîche,
5 Scheiben Schmelzkäse (Scheibletten)

Den Blattspinat 10 Min. garen und würzen, in eine flache Auflaufform geben. Tiefkühlspinat ist auch möglich.

Die Champignons in Scheiben schneiden und auf dem Spinat verteilen.

Die Schollenfilets säuern, salzen und auf das Gemüse legen.

Crème fraîche würzen und auf dem Fisch verteilen, mit den Käsescheiben belegen und im Backofen 30–40 Min. bei 200 °C (Umluft 180 °C) backen.

Überbackene Schnitzel

Für 2 Personen

4 dünne Schnitzel,
Salz,
weißen Pfeffer,
250 g frische Champignons,
1 große Stange Lauch,
2 EL Öl,
2 große Kartoffeln,
1 Tüte Maggi-Fix für Züricher Geschnetzeltes,
250 g Sahne,
80 g Emmentaler

Champignons und den Lauch klein schneiden.

Anschließend die mit Salz und Pfeffer gewürzten Schnitzel in Öl kurz und kräftig anbraten, herausnehmen und warm stellen.

Champignons und Lauch in die Pfanne geben und ebenfalls anbraten. Kartoffeln in dünne Scheiben schneiden.

Alles in eine Auflaufform schichten. Maggi-Fix mit der Sahne verrühren, darüber geben und mit dem Käse bestreuen.

Bei 225–250 °C ca. 15 Min. überbacken.

Tipp: Als kalorienreduzierte Variante empfiehlt es sich die Sahne durch Milch zu ersetzen und das Ganze mit Putensteaks zuzubereiten.

Lachs in Sektsoße

Für 4 Personen

4–8 Stücke Lachsfilet,
Zitronensaft,
Salz,
Pfeffer,
1/8 l Hühnerbrühe,
2 B. Schmand,
1 Glas Sekt

Lachs mit Zitronensaft säuern und mit Salz und Pfeffer würzen.

In eine gefettete Auflaufform legen.

Für die Soße Brühe, Schmand, Sahne und Sekt in einen Kochtopf geben, mit Salz und Pfeffer abschmecken und ca. 10 Min. kochen lassen.

Dann die heiße Soße über den Fisch geben und alles bei 180 °C ca. 30 Min. überbacken.

Dazu Reis und Salat reichen.

Kräuterbraten

Kräuterbraten

Für 4 Personen

1 kg Schweinefleisch ohne Knochen, Salz, Pfeffer, 2 Gemüsezwiebeln, 1/2 Bd. Petersilie, 1/2 EL grüner Pfeffer, 3 EL scharfer Senf, 3 EL Öl, 1/4 TL Basilikum, 1/4 TL Majoran, 1/2 TL Salbei	In das Fleisch eine Tasche schneiden und mit Salz und Pfeffer einreiben. Die Zwiebeln und Petersilie hacken, den grünen Pfeffer zerdrücken. Alle Zutaten miteinander vermengen, in die Fleischtasche füllen und mit Fleischnadeln zustecken. In einen Bratschlauch legen, verschließen, einstechen, auf dem Backrost bei 200 °C 1 1/2 Std. schmoren. Aus dem Bratenfond eine Soße zubereiten, dazu Salzkartoffeln oder Spätzle und Kohlrabi-Möhren-Gemüse reichen.

Überbackene Matjeskartoffeln

Für 4 Personen

8 Matjesfilet, 1 kg Kartoffeln, 40 g Margarine, 40 g Mehl, 1/8 l Wasser, 3/8 l Sahne, Pfeffer, 100 g gek. Schinken, 50 g ger. Käse	Die gewaschenen Matjesfilet in Stücke schneiden. Pellkartoffeln pellen und in Scheiben schneiden. Aus Fett, Mehl, Wasser und Sahne eine helle Mehlschwitze bereiten und mit Pfeffer würzen. Den gewürfelten Schinken dazu geben. Kartoffeln und Heringe abwechselnd in eine gefettete, feuerfeste Form schichten und mit der Soße übergießen. Mit dem ger. Käse bestreuen und bei 200 °C (Umluftherd 160 °C) in 30 Min. abbacken.

Matjestopf Karin

Für 4 Personen

8–10 Matjesfilet,
1 B. saure Sahne oder Joghurt,
1/4 l geschlagene Sahne,
150 g Schmand,
Salz,
Pfeffer,
Zucker,
3 hartgekochte Eier,
2 Zwiebeln,
1 Salatgurke,
4 säuerliche Äpfel,
1 Bd. Schnittlauch

Eier in Scheiben schneiden.

Die Zwiebel, Salatgurke, Äpfel würfeln.

Saure Sahne, geschl. Sahne und Schmand dazu geben und mit den Gewürzen abschmecken.

Alles über die Matjes gießen und mit Schnittlauchröllchen bestreuen.

Dazu schmecken junge Pellkartoffeln.

Neue Kartoffeln mit Matjesfüllung

Für 4 Personen

4 große Kartoffeln,
6–8 Matjesfilets,
4 Gewürzgurken,
1 Apfel,
1 Bd. Lauchzwiebeln,
1 EL Zitronensaft,
200 g Sour Cream,
6 EL Milch,
Salz,
Pfeffer,
Zucker,
etw. Dill

Kartoffeln mit der Schale garen.

Matjes in Stücke schneiden. Apfel und Gurken würfeln.

Die Lauchzwiebeln in Ringe schneiden.

Alles locker vermischen und mit Zitronensaft beträufeln.

Sour Cream und Milch glattrühren.

Über den Salat geben und gut vermengen.

Mit Salz, Pfeffer und Zucker abschmecken.

Die Kartoffeln etwas aufbrechen und mit dem Matjessalat füllen, zuletzt mit Dill bestreuen.

Zu Matjesgerichten passt gut ein grüner Salat.

Matjestopf Karin

Kräuterforelle

Für 2 Personen

2 Forellen,
Fischgewürz,
1 Zitrone,
1 Tomate,
Basilikum,
Salz,
1 Knoblauchzehe,
Butter,
Alufolie

Forellen säubern und mit Zitronensaft säuern, mit Fischgewürz einreiben.

Die Alufolie mit Knoblauch einreiben und die Forellen darauf legen.

Die Tomate in Scheiben schneiden und auf dem Fisch verteilen.

Mit Salz und Basilikum würzen, mit Butterflöckchen belegen.

Die Folie verschließen und ca. 20 Min. bei 240 °C im Backofen garen.

Seesaiblingsfilets mit Crème fraîche

Für 4 Personen

4 Seesaiblingsfilets
à 200 g mit Haut,
Saft einer Zitrone,
Salz,
Pfeffer,
1 TL Pfefferkörner,
Petersilie,
Thymian,
1 Lorbeerblatt,
1 B. Crème fraîche

Die Fischfilets mit Zitronensaft beträufeln, salzen und pfeffern.

3/4 l Wasser zum Kochen bringen, salzen, die Pfefferkörner, Lorbeerblatt, Petersilie und Thymian dazu geben. 20 Minuten köcheln lassen.

Dann die Fischfilets in den Sud legen und ca. 10 Min. gar ziehen lassen.

Mit einer Schaumkelle den Fisch aus dem Sud heben, auf Teller legen und mit einem Teelöffel Crème fraîche bestreichen. Ersatzweise kann man auch Forellen nehmen.

Fischauflauf „Marita“

Für 4 Personen

800 g Fischfilet, Zitronensaft, 250 g Sahne, 1 EL Senf, Salz, Pfeffer, Paprika, Mandelblättchen	Fischfilet mit Zitronensaft säuern und in eine gefettete Auflaufform legen. Sahne, Senf, Salz, Pfeffer und Paprikapulver vermischen und über den Fisch geben. 30 Min. bei 240 °C im Backofen garen. Mit Mandelblättchen bestreuen und servieren.

Beilagen und Salate

Mulsumer Spargelsalat

Für 8 Personen

2 kg Spargel,
1 TL Salz,
2 TL Zucker
1/2 Tasse Öl,
1 Tasse Spargelwasser,
1 Tasse Kräuteressig,
1 Tasse Zucker,
2 TL Salz,
etwas Pfeffer aus der Mühle

Den Spargel 15–20 Min. kochen, abtropfen lassen.

Alle übrigen Zutaten erhitzen und über den geschnittenen Spargel geben.

24 Stunden ziehen lassen.

Anrichten auf kleingeschnittenem Eisbergsalat.

Variante:

1/2 Bd. Lauchzwiebeln und 1 kl. rote Paprika, sehr fein geschnitten, kurz vor dem
Servieren über den Salat geben.

Kohlrabi-Radieschensalat

Für 4 Personen

4 kl. Kohlrabi,
2–3 Bd. Radieschen,
3 EL Öl,
4 EL Essig,
1 EL gehackte Kräuter,
Salz,
Zucker,
Pfeffer

Kohlrabi schälen, waschen, grob raspeln.

Radieschen putzen, waschen, in dünne Scheiben schneiden, Öl mit Essig verschlagen, Kräuter unterrühren, mit Salz, Zucker und Pfeffer abschmecken.

Alles mit den Salatzutaten vermengen, kurz durchziehen lassen und evtl. nochmals abschmecken.

Kohlrabi-Radieschensalat

Neue Kartoffeln mit kalter grüner Soße

Für 4 Personen

1 kg Frühkartoffeln,	Kartoffeln gut waschen und bürsten und in wenig Wasser garen.
2 Bd. Radieschen, 300 g Salatgurke, 500 g Magerquark, 150 g Vollmilchjoghurt, Salz,	Radieschen waschen, putzen und in Stifte schneiden, Gurke schälen und raspeln, Quark mit Joghurt verrühren, mit Salz und Pfeffer abschmecken.
Pfeffer, 1 kl. Bd. Dill, Petersilie,	Kräuter waschen, fein hacken und unter den Quark geben.
Schnittlauch	Die neuen Kartoffeln dazu reichen. Sehr gut zu Grillfleisch!

Herzhafter Eiersalat

Für 4 Personen

6 Eier, 1 D. Maiskörner, 1/2 Salatgurke,	Eier 10 Min. kochen, pellen und vierteln, Maiskörner abtropfen lassen.
1 Bd. Radieschen, 1 Bd. Dill,	Radieschen und Gurke in Scheiben schneiden.
1 Kopfsalat, 1 B. Sahnejoghurt, 2 EL Tomatenketchup,	Die Salatzutaten mischen und auf Salatblättern in Schalen anrichten.
1 TL Essig, Salz, Zucker, Pfeffer	Sahnejoghurt, Tomatenketchup verrühren und kräftig mit Essig, Salz, Zucker und Pfeffer abschmecken und über den Salat geben.

Herzhafter Eiersalat, Osterhuhn

Spargelsalat Barbados

Für 4–6 Personen

400 g geräucherte Putenbrust,
150 g Ananassaft,
20 g Rum,
15 g Zucker,
75 g Mayonnaise,
50 g Ananasstücke,
50 g Mandarinenfilets,
200 g Spargel
frisch gemahlenen weißen Pfeffer,
Salz,
Zucker,
Curry nach Geschmack

Das Putenfleisch würfeln.

Ananassaft mit Rum, Zucker, Mayonnaise verrühren.

Den gekochten Spargel in 2 cm lange Stücke schneiden.

Alle Zutaten vorsichtig vermischen und abschmecken.

Evtl. auf einem Salatblatt als Cocktail reichen.

Spargel-Erdbeersalat

Für 4 Personen

500 g Spargel,
250 g Erdbeeren,
1 Bd. Frühlingszwiebeln,
4 EL Sahne,
2 TL Himbeeressig,
Salz,
Pfeffer,
1 Messerspitze Piment

Den Spargel schälen, in dünne Scheiben schneiden (nicht kochen!).

Erdbeeren gut waschen und putzen, halbieren oder vierteln.

Frühlingszwiebeln waschen und putzen, in feine Ringe schneiden.

Die Marinade verrühren, etwas schaumig schlagen und über den Salat geben.

Spargel-Erdbeersalat

Spargel-Ananassalat

Für 4 Personen

5 Eier,
125 g gek. Schinken,
150 g Ananas (Dose),
200 g gegarten Spargel,
150 g Miracel Whip,
1/2 B. Joghurt,
Zucker,
Zitronensaft,
Salz,
Pfeffer

Eier 8 Min. kochen, pellen, in Scheiben schneiden. Schinken in Streifen schneiden, Ananas gut abtropfen lassen und würfeln, Spargel in Stücke schneiden.

Die Zutaten der Salatsoße verrühren, kräftig abschmecken und vorsichtig unter den Salat heben.

Gut durchziehen lassen.

Nachspeisen

Erdbeercreme mit Mascarpone

Für 4 Personen

750 g Erdbeeren,
1/8 l Erdbeerlikör,
50 g Puderzucker,
500 g Mascarpone

Die Erdbeeren waschen und putzen.

500 g Erdbeeren halbieren, mit 3 EL Erdbeerlikör vermischen und kühl stellen.

250 g Erdbeeren pürieren, mit dem Puderzucker, dem restl. Likör und Mascarpone gründliche verrühren.

Die Erdbeeren auf die Creme geben und mit einigen Zitronenmelisseblättchen dekorieren.

Erdbeer-Tiramisu

Für 4–6 Personen

75 g Löffelbisquits,
5 EL Amaretto,
500 g Erdbeeren,
2 EL Zucker,
500 g Mascarpone,
1/8 l Milch,
1 Vanillezucker,
75 g Zucker,
1 TL Kakao

Die Löffelbisquits grob zerbröseln, mit Amaretto beträufeln und 30 Min. durchziehen lassen.

Die Erdbeeren waschen, putzen, halbieren oder vierteln, auf die Löffelbisquits geben und mit Zucker bestreuen.

Quark, Mascarpone und Milch glattrühren, über die Erdbeeren streichen, kalt stellen.

Den Kakao kurz vor dem Servieren darüber stäuben.

Quarkspeise mit Erdbeerschaum

Für 4 Personen

500 g Quark,
1/8-1/4 l Milch,
75 g Zucker,
1 Vanillezucker,
500 g Erdbeeren,
Saft einer Zitrone,
4 Bl. Gelatine,
200 g Sahne,
1 EL Zucker

Die ersten vier Zutaten verrühren und in Glasschüsseln füllen.

Die vorbereiteten Erdbeeren pürieren, Zitronensaft und aufgelöste Gelatine unterrühren.

Die Sahne steif schlagen, unter die pürierten Erdbeeren heben und auf der Quarkmasse verteilen.

Erdbeertraum

Für 4 Personen

1/2 l Apfelsaft,
Saft einer Zitrone,
Saft einer Orange,
etwas Zucker,
7 Bl. weiße Gelatine,
500 g Erdbeeren,
2 EL Zucker,
2 Bl. weiße,
2 Bl. rote Gelatine,
300 g Sahne

Apfelsaft, Zitronensaft und Orangensaft vermischen, die aufgelöste Gelatine einrühren. Das Saftgelatinegemisch in Gläser (halb voll) füllen, Gläser schräg stellen und erstarren lassen.
Die Erdbeeren pürieren. Rote und weiße Gelatine auflösen und unter die Erdbeeren mischen. Kalt stellen. Sahne steif schlagen, zum Verzieren etwas zurückstellen. Die restliche Sahne unter das Erdbeerpüree mischen und in die Gläser auf den erstarrten Saft füllen. Mit Sahne und Erdbeeren garnieren.

Erdbeeren mit Hüttenkäse

Für 8 Personen

750 g Erdbeeren,
10 cl Orangenlikör,
150 g Zucker,
3 TL Zitronensaft,
500 g Hüttenkäse,
300 ml Schlagsahne,
150 g Zucker,
150 g Schokoladenraspeln

Erdbeeren vorbereiten, vierteln und mit Zucker, Zitronensaft und Likör marinieren.

Ca. eine 1/2 Std. ziehen lassen. Sahne mit Zucker steif schlagen und den Hüttenkäse unterheben.

Die Erdbeeren vorsichtig darunter mischen und abschmecken.

In Dessertschalen füllen und mit Schokoladenraspeln garnieren.

Rhabarberschaum

Für 4 Personen

500 g Rhabarber,
4 Bl. rote Gelatine,
150-200 g Zucker,
1 Vanillezucker,
1 EL Kirschwasser,
1/8 l Sahne

Rhabarber putzen, in Stücke schneiden , in etwas Wasser garen und pürieren.

Die rote Gelatine einweichen und mit der noch heißen Rhabarbermasse verrühren.

Mit Zucker, Vanillezucker und Kirschwasser abschmecken und kalt stellen.

Die geschlagene Sahne unterziehen, wenn die Masse halbsteif ist.

Erdbeer-Lasagne

Erdbeer-Lasagne

Für 8 Personen

250 g Mascarpone,
150 g Naturjoghurt,
1 B. Sahne,
2 Vanillezucker,
1 kg Erdbeeren,
1 P. Löffelbiskuit,
etwas Orangenlikör,
weiße geraspelte Schokolade

Sahne steif schlagen, mit Mascarpone, Joghurt und Zucker vermischen. Erdbeeren vorbereiten, klein schneiden und ca. 1/4 der Menge in eine Glasform füllen.

Dann die Creme darüber gießen, die Löffelbiskuit auf der Creme verteilen.

Die restlichen Erdbeeren mit 3 EL Puderzucker pürieren und über die Biskuit gießen.

Möglichst einen Tag durchziehen lassen.

Vor dem Servieren die Schokolade darüber streuen.

Joghurtspeise mit Rhabarber

Für 4 Personen

2 B. Sahnejoghurt,
2 Eigelb,
50 g Zucker,
2 TL Zitronensaft,
abger. Schale einer Zitrone,
3 Bl. weiße Gelatine,
1 B. Sahne,
500 g Rhabarber,
100 g Zucker,
1 Pr. Zimt

Eigelb und Zucker schaumig schlagen, Zitronensaft und -schale zugeben, Joghurt unterrühren. Gelatine einweichen, gut ausdrücken und auflösen (i. d Mikrowelle 30 Sekunden, 150 W).

Joghurtmasse mit der Gelatine verrühren und erkalten lassen.

Sahne steif schlagen und unter die feste Speise heben. Rhabarber putzen und in Stücke schneiden.

Zucker und Zimtstange zufügen. Rhabarber durchschütteln und erst garen, wenn sich etwas Saft gebildet hat (i. d. Mikrowelle 5 Min., 600 W).

Danach das Kompott abschmecken und abkühlen lassen.

Joghurtspeise und Rhabarberkompott zusammen servieren.

Erdbeerkranz mit Knusperboden

Für 4 Personen

100 g Vollmilchschokolade,
50 g Zartbitterschokolade,
75 g Cornflakes,
750 g Erdbeeren,
400 g Frischkäse,
100 g Zucker,
8 Bl. weiße Gelatine,
4 Bl. rote Gelatine,
1/4 l Sahne

Schokolade in einer großen Schüssel im Wasserbad schmelzen, Cornflakes unterheben, 8 Schokohäufchen auf Backtrennpapier setzen, den Rest in eine mit Backtrennpapier ausgelegte Springform von 24 cm Durchmesser geben, verstreichen und fest werden lassen.

Die Erdbeeren waschen und putzen. Die Hälfte der Erdbeeren pürieren, mit dem Frischkäse verrühren und mit Zucker abschmecken.

Die Gelatine einweichen, auflösen und vorsichtig unter die Masse geben. Wenn die Masse halbsteif ist, die steif geschlagene Sahne unterheben und in eine kalt ausgespülte Kranzform geben.

Im Kühlschrank mindestens 3 Std. kalt stellen.

Den Schokoladenboden auf eine Platte geben.
Den fertigen Kranz auf den Boden stürzen. Restliche Erdbeeren in die Mitte füllen.

Mit Sahnetuffs und den Schokohäufchen verzieren.

Rhabarbercreme

Für 4 Personen

600 g Rhabarber,
1/4 l Wasser,
1 P. rote Grütze Pulver,
1 Vanillezucker,
150 g Zucker,
1/4 l Sahne

Rhabarber waschen, in ca. 2 cm lange Stücke schneiden und in ca. 5 Min. gar dünsten.

Rote Grütze Pulver mit etwas Wasser anrühren und damit andicken, mit Zucker und Vanillezucker abschmecken.

Die steif geschlagene Sahne unter die abgekühlte Masse ziehen.

Erdbeerkranz mit Knusperboden

Holundertraum

Für 4–6 Personen

6 Holunderblüten mit Stiel,
250 g Mehl,
375 ml Milch,
1 Prise Salz,
3 Eier,
1 TL Backpulver,
Fett zum Ausbacken

Einen Pfannkuchenteig herstellen, Fett im Topf oder in der Friteuse erhitzen.

Holunderblüten einzeln in den Teig tauchen, ein wenig abtropfen lassen und im heißen Fett ausbacken.

Mit Vanilleeis servieren oder Stachelbeerpüree dazu reichen oder einfach mit Zimt und Zucker überstreuen.

Soße zu Obstsalat oder frischen Früchten

Für 4 Personen

200 g Dickmilch,
1/2 B Sahne,
2 EL gem. Haselnüsse,
Zimt, Zucker, Honig

Alle Zutaten gut miteinander verrühren und zu den Früchten reichen.

Knusperflocken für Süßspeisen

Für 4 Personen

75 g Vollkorn-haferflocken,
50 g geh. Mandeln,
50 g geh. Haselnüsse,
50 g Sonnen-blumenkerne,
50 g Kokosflocken,
1 EL Sonnenblumenöl,
1 EL Honig,
1 Vanillezucker,
1/2 TL Zimt,
50 g Rosinen

Alle Zutaten außer den Rosinen unter ständigem Wenden in einer Pfanne rösten.

Die Rosinen nach dem Abkühlen dazu geben.

Die Knusperflocken können in einer Dose aufbewahrt und zu Obstsalat, Joghurt oder anderen Süßspeisen gereicht werden.

Holundertraum

Stachelbeercreme

Stachelbeercreme

Für 4 Personen

500 g grüne Stachelbeeren,
1/4 l Wasser,
2 Eigelb,
120 g Zucker,
1 Vanillezucker,
12 Bl. Gelatine,
2 Eiweiß

Die Stachelbeeren garen und pürieren. Eventuell mit Wasser auffüllen, damit man 1 l Püree hat.

Gelatine nach Anweisung auflösen und unterrühren. Kalt stellen.

Eigelb mit Zucker und Vanillezucker schaumig schlagen, Stachelbeerpüree unterziehen.

Wenn die Speise zu gelieren beginnt, das steif geschlagene Eiweiß unterheben.

Schmeckt auch gut mit Rhabarber.

Gebäck

Erdbeer-Omeletts

5 Eier,
75 g Zucker,
35 g Mehl,
500 g Erdbeeren,
2 Eigelb,
2 EL Zucker,
Mark einer Vanilleschote,
350 g Schlagsahne,
3 Bl. Gelatine,
Puderzucker

Eier trennen, Eigelb schaumig schlagen. Eiweiß mit Zucker steif schlagen.

Abwechselnd mit dem gesiebten Mehl unter die Eigelbmasse heben. Masse in einen Spritzbeutel füllen.

Auf ein mit Backpapier ausgelegtes Backblech ca. 12 ovale Omeletts spritzen (eventuell einen Esslöffel benutzen) und im vorgeheizten Backofen bei 180 °C ca. 12 Min. backen.

Die Erdbeeren waschen, putzen, halbieren und die Hälfte der Omeletts damit belegen.

Eigelb, Zucker und Vanillemark verrühren.

Sahne steif schlagen. Gelatine auflösen, mit wenig Sahne verrühren und unter die Eigelbmasse rühren, dann die restliche Sahne unterheben.

Die Masse in einen Spritzbeutel füllen und auf die Erdbeeren spritzen.

Mit den restl. Omeletts zudecken und ca. 2 Std. kalt stellen. Vor dem Servieren mit Puderzucker bestäuben.

Obsttorte „Karibik“

100 g Mehl,
65 g Puderzucker,
1 Prise Salz,
65 g gem. Mandeln,
65 g Margarine,
1/4 l Ananassaft,
150 g Magerjoghurt,
6 BL. Gelatine,
1/4 l Sahne,
evtl. etwas Zucker,
1 Dose Ananas,
2 Bananen,
3 Kiwi,
1 Dose Mandarinen,
bzw. Obst der Saison
z. B. Erdbeeren

Einen Knetteig herstellen und bei 200 °C ca. 15–20 Min. backen.

Den Joghurt mit der Milch, bzw. dem Saft glattrühren. Gelatine zufügen, wenn die Masse halbsteif ist die geschlagene Sahne unterheben und auf den Tortenboden geben.

Die Früchte auf der Creme verteilen.

Den Tortenguss mit Obstsaft herstellen, über die Früchte geben und auskühlen lassen.

Rhabarber-Weintorte

125 g Butter,
100 g Zucker,
1 Ei,
1 P. Vanillezucker,
250 g Mehl,
1/2 P. Backpulver
750 g Rhabarber,
1/4 l Wein,
100 g Zucker,
1 1/2 P. Vanillepudding
4 Eier,
80 g Zucker,
200 g Sauerrahm

Aus den ersten Zutaten einen Mürbeteig zubereiten und ca. 1 Std. kalt stellen.

Dann eine gefettete Springform damit auslegen. Den Rhabarber putzen und würfeln, mit dem Zucker in Wein gar dünsten und mit dem Puddingpulver andicken.

Die Masse auf den Mürbeteig geben und bei 200 °C ca. 30 Min. backen.
Währenddessen die Eier mit dem Zucker sehr schaumig schlagen und den Sauerrahm unterziehen.

Nach 30 Min. Backzeit den Kuchen aus dem Backofen nehmen und den Rahmguss auf dem Kuchen verteilen.
Weitere 10 Min. backen. Den Kuchen in der Form gut auskühlen lassen.

Rhabarbertorte

Rhabarbertorte

600 g Rhabarber,
3 EL Zucker,
1 Vanillezucker
75 g Margarine,
150 g Zucker,
Mark einer 1/2 Vanilleschote,
1 TL Zitronensaft,
2 Eier,
150 g Mehl,
1 1/2 TL Backpulver

Den Rhabarber in ca. 2 cm lange Stücke schneiden, mit dem Zucker mischen und auf den Boden einer Springform füllen.

Einen Rührteig aus den übrigen Zutaten herstellen und auf die Rhabarberstücke in der Form geben. Glatt streichen. Bei 175–200 °C ca. 40–50 Min. backen.

Nach dem Backen Kuchen auf eine Tortenplatte stürzen, abkühlen lassen, Tortenrand umlegen.

Guss:
1 P. roten Tortenguss,
4 EL Zucker,
1/8 l Wasser,
1/8 l Himbeersirup,
1/4 l Sahne,
3 EL Krokant

Tortenguss herstellen und über die Torte ziehen. Sahne steif schlagen und mit Sahne und Krokant die Torte garnieren.

Rhabarberkuchen mit Baiserhaube

200 g Butter,
4 Eigelb,
100 g Zucker,
400 g Mehl,
1/2 Tasse Milch,
1 Backpulver
1/2 l Vanillepudding,
1 kg Rhabarber,
4 Eiweiß,
280 g Zucker

Aus den ersten sechs Zutaten einen Rührteig herstellen und auf ein mit Backtrennpapier ausgelegtes Backblech streichen.

Für den Belag einen Vanillepudding nach Anweisung herstellen und gleichmäßig auf dem Teig verteilen. Rhabarber waschen und in ca. 1,5–2 cm lange Stücke schneiden.

Gleichmäßig auf dem Pudding verteilen. Bei 200 °C ca. 30-35 Min. backen, Eiweiß steif schlagen und den Zucker langsam dazugeben.

Den Kuchen nach ca. 2/3 der Backzeit aus dem Backofen nehmen und die Eiweißmasse löffelweise darauf verteilen, danach fertig backen.

Großer Osterkranz

500 g Weizenmehl,
1 Würfel Hefe,
1 EL Zucker,
1 TK Salz,
1 Ei,
80 g Fett,
Gewürze nach Belieben (Zitronenschale, Vanille, etc.),
1/4 l warme Milch

Den aufgegangenen Hefeteig durchkneten, den Teig teilen und zu einem großen zweisträngigen Kranz formen.

Ausgeblasene Eier mit Öl bestreichen, Kranz etwas auseinanderziehen, die Eier einsetzen und mitbacken. Ostern durch gefärbte Eier ersetzen.

Für 12 Osterkränzchen, 12 gleichmäßige Teiglinge schneiden, jedes Teil halbieren und kleine zweisträngige Kränze formen.
In die Mitte ein geöltes leeres Ei setzen und mitbacken.

Kränze mit Eigelb bestreichen, bei 200 °C auf der mittleren Schiene backen, Backzeit richtet sich nach der Größe der Kränze.

Osterhuhn

Foto siehe Seite 35

1 kg Mehl,
1 1/2 Würfel Hefe,
25 g Zucker,
1/2 l Milch,
1/8 l Rapsöl,
250 g Rosinen,
125 g Korinthen,
1 TL Salz

Einen Hefeteig herstellen, gehen lassen, 1/3 des Teiges in die Form „Osterhuhn" füllen, nochmals gehen lassen und bei 200 °C ca. 30 Min. backen.

Vom restlichen Teig einen Kranz oder Brötchen backen.

Großer Osterkranz

Schnelles Hefebrot

675 g Weizenvollkornmehl,
1/2 l kaltes Wasser,
1/2 Würfel Hefe,
1 leicht gehäufter TL Salz,
1/2 TL Honig,
50 g Sonnenblumenkerne

Das Wasser, die zerbröckelte Hefe, Salz und Honig gut verrühren.

Das Mehl langsam hinzugeben und so lange kneten (in der Küchenmaschine) bis sich der Teig vom Schüsselrand löst.

Den Teig in eine gefettete Kastenform geben und oben einschneiden.

Die Form in den kalten Backofen stellen.

Bei 200–225 °C 1 Std. backen.

Ofenfrische Baguettes

500 g Weizenmehl,
1 Würfel Hefe,
1/2 TL Zucker,
1/2 Tasse lauwarmes Wasser,
1/4 l lauwarmes Wasser,
2 EL Öl,
1 TL Salz

Hefe in der Tasse mit Wasser verrühren.

Aus allen Zutaten einen Hefeteig herstellen und gründlich kneten! 30 Min. ruhen und gehen lassen.

Dann etwas zusammenstoßen, in zwei Hälften teilen, nochmals kneten. Stangen formen, auf ein Backblech legen und nochmals gehen lassen. 3x schräg einritzen.

Vor dem Backen mit warmen Wasser bestreichen.

Etwa 30 Min. bei 200 °C backen oder bei 180 °C im Heißluftherd.

Die Baguettes schmecken am besten ganz frisch. Mit Röstzwiebeln, gewürfeltem Schinken oder Kümmel lässt sich der Teig abwandeln.

Pikantes zu Bier und Wein

Kräuterquarkquiche

Für 4 Personen

Teig: 125 g Magerquark, 250 g Mehl, 125 g weiche Butter, Salz	Die Zutaten für den Teig zu einem geschmeidigen Teig verarbeiten und 30 Min. im Kühlschrank ruhen lassen.
Belag: 1 Bd. Petersilie, 1 Bd. Schnittlauch, 200 g Kräuterquark, 3 Eier, Salz, Pfeffer, Paprika, 2 Knoblauchzehen, 2 Zwiebeln, 200 g Räucherspeck	Die Zwiebeln und den Räucherspeck würfeln und andünsten. Petersilie und Schnittlauch fein hacken, Knoblauch pressen und die Zutaten mit dem Teig vermengen. Den Teig in eine Quicheform geben, Rand hochziehen. Den Belag auf den Teig geben, im vorgeheizten Backofen bei 200 °C 30 Min. backen.

Pilzpastete

Für 4 Personen

150 g Mehl, 125 g Quark, 100 g Margarine, 1 Eigelb, 1 P. Salz 250 g gek. Schinken, 150 g Käse, 1 kl. Dose Champignons, Salz, Pfeffer	Knetteig herstellen und kalt stellen. Den Schinken und den Käse würfeln, mit den Champignons vermengen. Den Teig zu einem Rechteck ausrollen, die Füllung darauf verteilen und aufrollen, mit etwas Milch bestreichen. Die Rolle auf ein Backblech legen und bei 200 °C ca. 20 Min. backen.

Spargeltoast mit Schinkencreme

Für 4 Personen

500 g Spargel,
250 g Kochschinken,
2 EL Crème fraîche,
Salz, Pfeffer,
3 EL Schnittlauch,
etwas Zitronensaft,
8 Scheiben Toastbrot,
Butter,
80 g ger. Emmentaler

Spargel schälen und in Stücke schneiden, in Salzwasser garen.

Den Kochschinken fein würfeln, mit Crème fraîche verrühren und kräftig abschmecken.

Getoastete Scheiben Toast mit Butter bestreichen, den gut abgetropften Spargel darauf verteilen, Schinkencreme darüber streichen, mit Käse bestreuen und bei 200 °C ca. 10 Min. backen.

Zum Servieren mit Schnittlauch bestreuen.

Spargeltaschen

Für 12 Stück

6 Platten Blätterteig (aufgetaut),
750 g Spargel,
1/2 TL Salz,
1 TL Zucker,
1 TL Butter,
1 EL Soße Hollandaise,
4 Scheiben gek. Schinken,
4 Scheiben Ananas,
5 Scheiben Gouda (45% Fett),
1 Eigelb,
1 EL Milch

Die Blätterteigplatten einzeln zur gewünschten Größe ausrollen und einmal durchschneiden.

Den Spargel in kl. Stücke schneiden und 15–20 Min. garen.

Die Soße Hollandaise, den gut abgetropften Spargel, den gewürfelten Schinken, Ananas und Käse vermengen und auf die 12 Blätterteigplatten verteilen.

Die Ränder mit der Eiermilch bestreichen und zum Dreieck überschlagen, an den Seiten gut festdrücken. Mit der Eiermilch bestreichen.

Auf mittlerer Schiene 20–25 Min. backen.

Spargeltaschen

Senatorenbrötchen

Für 4 Personen

4 Brötchen,
16 EL Milch,
8 Scheiben gek. Schinken,
8 Eier,
ger. Käse

Die Brötchen durchschneiden und aushöhlen, je 2 EL Milch in die Brötchenhälften verteilen. 5 Min. ziehen lassen.
Den Schinken würfeln, in die Brötchenhälften geben, je ein Ei darüber schlagen, mit Käse bestreuen.
Im vorgeheizten Backofen bei 175 °C ca. 15 Min. backen bis das Ei gar ist.

Matjestartar

Für 4 Personen

4 Matjesfilets,
2 Zwiebeln,
1/2 Apfel,
1/4 Salatgurke,
Balsamico-Essig,
Rapsöl, Pfeffer,
4 Scheiben Graubrot

Matjes klein schneiden, Zwiebeln, Apfel und Gurke sehr klein würfeln, vermengen und mit Essig, Öl und Pfeffer abschmecken.

Das Brot in Öl in einer Pfanne rösten, mit Tartar belegen, mit Zwiebelringen garnieren und servieren.

Thunfisch-Dip

250 g Philadelphiakäse,
150–200 g Hüttenkäse,
1 feingehackte Zwiebel,
1 P. TK 8-Kräuter,
1/2 TL Thymian,
1 Knoblauchzehe (gepresst),
3 Dosen Thunfisch (evtl. abgießen),
2 Bd. Petersilie,
100 g gehackte Nüsse

Am Tag zuvor alle Zutaten vermischen, mindestens aber 3 Stunden im Kühlschrank durchkühlen lassen.

Vor dem Servieren mit der gehackten Petersilie und den gehackten Nüssen vermengen.

Kräcker dazu reichen.

Partyeier

Für 10 Personen

1 gr. Glas Miracel Whip Balance,
1 kl. Glas Remoulade,
1 B. Magerjoghurt,
1 D. Mandarinen,
1 kl. Glas Selleriestreifen,
20 hartgekochte Eier,
200 g gewürfelter Schinken

Miracel Whip, Remoulade und den Magerquark miteinander verrühren.

Mandarinen und Selleriestreifen ohne Flüssigkeit unterheben.

Die Masse auf eine tiefe Platte geben und die halbierten, hartgekochten Eier auf die Masse setzen, anschließend mit dem Schinken und der gehackten Petersilie bestreuen.

Eiersalat

Für 4 Personen

6 hartgekochte Eier,
200 g Ananas,
2 Bananen,
2 Äpfel,
120 g Mayonnaise,
2 EL Ananassaft,
2 TL Senf

Die hartgekochten und gepellten Eier, Bananen, Ananas und Äpfel würfeln.

Aus den übrigen Zutaten eine Soße herstellen und unter den Salat mengen.

Knackiger Krabbensalat

Für 4 Personen

250 g TK Krabben,
1 EL Zitronensaft,
1 kl. Chinakohl,
1 Papaya (oder ersatzweise Honigmelone),
2 Kiwis,
1/2 Schächtelchen Kresse,
2 Beutel Maggi Fix für Salat Soße gemischter Salat,
6 EL Wasser,
8 EL süße Sahne.

Krabben mit Zitronensaft beträufeln und auftauen lassen. Chinakohl putzen, waschen und in feine Streifen schneiden. Papaya halbieren,

Kerne entfernen, schälen und in dünne Scheiben schneiden. Kiwi schälen und in Scheiben schneiden.

Kresse mit einer Schere abschneiden und die Maggi Fix Salatsoße mit Wasser und Sahne verrühren und die Salatzutaten darin mischen.

Etwas durchziehen lassen und servieren.

Pikanter Fleischsalat

Für 4 Personen

4 EL Tomatenketchup,
2 EL Öl,
2 EL Brühe,
1 EL Essig,
1 EL gehackte Petersilie,
250 g gekochtes Rindfleisch oder Schweinefleisch,
5 hartgekochte Eier,
1 kl. Glas Oliven,
5 Gewürzgurken,
2 Senfgurken,
2 Zwiebeln,
2 Paprikaschoten

Aus den Zutaten eine pikante Marinade herstellen.

Das gegarte Fleisch in Streifen schneiden, Eier mit dem Eierschneider längs und quer durchschneiden, Gurken, Zwiebeln und Paprika durch die Raffel der Küchenmaschine geben.

Alle Zutaten in der Marinade gut durchziehen lassen.

Schinkenhörnchen

ca. 40 Stück

250 g Weizenmehl,
2 TL Backpulver,
1/2 TL Salz,
250 g Butter oder feste Margarine,
250 g Quark

Mehl, Backpulver und Salz mischen, Butter in Flöckchen dazugeben, den Quark ebenfalls dazugeben und alles kurz zu einem Teig verkneten. Zu einem Rechteck ausrollen und in ca. 40 gleich große Quadrate schneiden.

Mindestens eine halbe Stunde im Kühlschrank ruhen lassen. Der Teig ist auch sehr gut zum Einfrieren geeignet. Diese Menge ergibt ca. 40 Schinkenhörnchen.

Zutaten für drei verschiedene Füllungen:

300 g gewürfelter Schinken,
1 gr. fein gewürfelte Zwiebel,
etw. Schnittlauch

200 g Frischkäse,
1 P. Kräuter, gefroren oder frisch,
2 Scheiben gek. Schinken, gewürfelt,
1 Scheibe Ananas, in kl. Stücke geschnitten

250 g feingewürfelter Schinken, gekocht und geräuchert,
1 gr. fein gewürfelte Zwiebel,
ca. 100 g ger. Käse

Die Zutaten der Füllungen jeweils gut vermischen und auf die gewünschte Teigform geben, den Teig aufrollen und mit einer Mischung aus 2 Eigelb und 2 TL Milch bestreichen.

Im Backofen bei 190 °C ca. 10–12 Min. backen.

Quarkbrötchen pikant

ca. 40 Stück

500 g Magerquark,
250 g Mehl,
1/2 TL Backpulver,
200 g Margarine,
200 g durchwachsener, gewürfelter Speck

Quark, Milch, Backpulver und Margarine zu einem Teig verarbeiten.

Den Speck in einer Pfanne auslassen und unter den Teig geben.

Kleine Kugeln mit Hilfe von zwei Teelöffeln auf ein gefettetes Backblech setzen, Teelöffel immer wieder in kaltes Wasser tauchen, damit sich der Teig leichter löst.

Bei 180 °C ca. 20 Min. backen.

Spargelpie

Für 4 Personen

1 P. TK Blätterteig,
500 g Spargel,
150 g Kochschinken,
2 Eier,
1/8 l Milch,
50 g ger. Käse,
1 Eigelb

Den Blätterteig zu einer Platte von ca. 22 x 35 cm ausrollen. Teigplatte in eine gefettete längliche Pieform geben, überstehende Enden abschneiden und aus den Teigresten Streifen von 1 cm Breite in der Größe der Pieform schneiden.

Den Spargel schälen, in Stücke schneiden und in wenig Salzwasser garen, abtropfen lassen.

Spargel und gewürfelten Kochschinken in die Pieform schichten, Eier und Milch verquirlen und darüber gießen.

Mit den Blätterteigstreifen belegen und mit Eigelb bestreichen.

Ca. 30 Min. bei 200 °C backen.

Burgunder-Matjes

12 Matjesfilet,
250 g Zwiebeln,
1/4 l Weinessig,
1/4 l dunklen Rotwein,
300 g Zucker,
3 Lorbeerblätter,
4 Nelken,
10 Pfefferkörner,
2 EL Senfkörner

Matjes in 4–5cm lange Stücke schneiden.

In einen Steintopf (od. Glas) füllen.

Aus Essig, Rotwein, Zucker und den Gewürzen einen Sud kochen.

Erkalten lassen und über die Matjes gießen.

2 bis 3 Tage durchziehen lassen.

Gut vorzubereiten, mit Brot zu Bier und Wein oder mit Bratkartoffeln und Salat als Hauptgericht.

Getränke

Waldmeister-Bowle

2 Bd. Waldmeister,
1 l leichter Weißwein,
1 Orange,
1 1/2 l Roséwein,
1/2 l Sekt

Der Waldmeister darf noch nicht blühen. Gut waschen, bündeln, und über Nacht trocknen lassen. Wein in ein Gefäß geben, eine Orangenscheibe zufügen.

Den Waldmeister an einem Bindfaden in den Wein hängen. Das Aroma steckt nur in den Blättern. 30 Min. zugedeckt kühl stellen, danach den Waldmeister entfernen.

Mit Roséwein auffüllen und nach Belieben weitere Orangenscheiben zufügen. Direkt vor dem Servieren mit gut gekühltem Sekt auffüllen.

Raum für eigene Notizen:

Grillplatte, Marinade für Grillfleisch

Sommervielfalt!

Einen Moment die Augen schließen und an Sommerlaune und Sommergenuss denken:

Sonne, Getreidefelder, Rosenduft, Ernte, laue Abende, Grillparty, Natur pur – der Kalender zeigt uns vom 21. Juni bis 21. September die Sommerzeit an.

In diesen Wochen vollbringt die Natur eine rasante Entwicklung von der Blüte bis zur Reife.

Die Gartenfreunde haben alle Hände voll zu tun, um die Erntefrüchte zu verarbeiten. Selbstverständlich gibt es täglich frisch geerntete Genüsse auf den Tisch, ob Gurke, Tomate, Zucchini, Möhren und Bohnen oder als süße Sommerlust die leckeren Früchte.

In dieser Zeit finden wir auch in den Hofläden und Supermärkten ein reiches und preisgünstiges Angebot an sommerlichen Erzeugnissen, es kann aus dem Vollen geschöpft werden.

Neue Kartoffeln, frisch vom Feld, aromatische Kräuter für den bunten Salat, leckeres Fleisch – und die Grillparty kann steigen.

Das Kapitel Sommer hat ein abwechslungsreiches, gesundes und leichtes Rezeptangebot aufzuweisen, abgerundet durch raffinierte Mixgetränke.

Viel Spaß beim Zubereiten und Genießen in froher Runde!

Renate Wölfel
stellvertretende Kreisvorsitzende

Suppen und Vorspeisen

Gazpacho (kalte Tomatensuppe)

Für 4 Personen

1 Gurke,
5 gr. reife Tomaten,
1 kl. rote Paprika,
3 EL Öl,
2 EL Weinessig,
2 EL Zitronensaft,
1 EL Zucker,
1/4 TL Salz,
1 Pr. Cayennepfeffer,
TK 8 Kräuter oder
frische Kräutermischung
Dill,
Basilikum,
2 EL Kräuter Crème fraîche

Die Gurke evtl. schälen.

Alles Gemüse grob zerkleinern, im Mixer pürieren.

Öl, Essig und Gewürze zufügen, die Masse einmal aufkochen lassen.

Gut durchkühlen lassen, mit Crème fraîche und Kräutern anrichten und servieren.

Toastbrotwürfel in Butter anrösten salzen und vor dem Servieren auf die Suppe geben.

Feine Erbsensuppe

Für 4 Personen

1 kg frische Erbsen,
2 kl. Zwiebeln,
50 g Butter,
1,5 l Brühe,
Salz,
Zucker,
1/2 l Sahne,
Paprikapulver edelsüß

Zwiebel würfeln, mit den Erbsen in Butter andünsten, mit Brühe auffüllen und ca. 5 Min. kochen lassen.

Danach pürieren, noch mal gut durchkochen lassen und mit Salz und Zucker abschmecken.

In Suppentassen anrichten, Schlagsahne leicht salzen, schlagen und als Häubchen auf die Suppe setzen.

Mit Paprikapulver bestäuben.

Gazpacho – kalte Tomatensuppe

Tomatensuppe mit körnigem Frischkäse

Für 4 Personen

1 kg Fleischtomaten,
1/2 l Rinderbrühe,
1 TL Butter,
1 Zwiebel,
Thymian,
Salz,
Pfeffer,
Zucker,
4 EL körniger Frischkäse,
2 EL Schnittlauch

Tomaten vierteln und im geschlossenem Topf mit der Brühe weich dünsten.

Durch ein Sieb streichen.

Zwiebel würfeln und in Butter andünsten, Tomatenmus, Brühe und Thymian dazugeben und aufkochen.

Mit Salz, Pfeffer und Zucker abschmecken.

Die Suppe mit Frischkäse und Schnittlauchröllchen in Suppentassen anrichten.

Honigmelone mit Schinken

Für 8–10 Personen

1 Honigmelone,
10 Scheiben geräucherter Schinken,
1 Kopf Salat,
einige Blüten von Ringelblume, Gänseblümchen oder Löwenzahn

Die Honigmelone in Stücke schneiden und mit dem in dünne Scheiben geschnittenen Schinken zusammen auf einem Teller anrichten und mit den Blüten garnieren.

Honigmelone mit Schinken

Tomaten-Mozzarellaplatte

Für 4 Personen

400 g Hähnchenfilet,
5 EL Öl,
Salz,
Pfeffer,
3 EL Balsam Essig,
100 ml Gemüsebrühe instant,
Zucker,
50 Kirschtomaten,
400 g Tomaten,
2 P. (je 125 g) Mozzarrella Käse,
1 Töpfchen Basilikum,
Salatblätter zum Anrichten

Das Fleisch in heißem Öl kräftig anbraten und bei mittlerer Hitze in ca. 10 Min. fertig braten. Mit Salz und Pfeffer würzen und aus der Pfanne nehmen.

Den Bratensatz mit Essig und Brühe ablöschen und aufkochen. Mit Salz, Pfeffer und Zucker würzig abschmecken, die Salatsoße abkühlen lassen.

Die gewaschenen Kirschtomaten in Viertel schneiden, die anderen Tomaten in Scheiben schneiden, Basilikum bis auf einige Blätter in Streifen schneiden und in die Salatsoße geben.

Das Fleisch in Streifen schneiden, dann alle Zutaten auf einer Platte auf Salatblättern anrichten, mit der Soße beträufeln, Kirschtomaten und Basilikumblätter zum Garniern, mit groben Pfeffer bestreuen.

Ciabatta Brot dazu reichen.

Geeiste Gurkensuppe mit Matjes

10 Portionen

3 Salatgurken,
1 l kalte Gemüsebrühe,
0,8 l saure Sahne,
0,2 l Crème fraîche,
Weißweinessig,
Salz,
Pfeffer,
5 Matjesfilet,
1 Bd. Petersilie,
10 gr. Radieschen,
10 EL Croutons

Die Salatgurke schälen und kleinschneiden. Mit Salz bestreuen und 30 Min. im Wasser ziehen lassen.

Dann die Gurkenstückchen in die Gemüsebrühe geben und auf Eis stellen. Saure Sahne und Crème fraîche mit Salz, Pfeffer und Essig vermischen und unter die Gemüsebrühe rühren.

Zum Anrichten die Matjes in Streifen schneiden, in tiefe Teller geben, die gekühlte Suppe auffüllen und mit Petersilie, Radieschen und Croutons garniern.

Statt Matjes sind auch Krabben oder geräucherte Lachsstreifen als Einlage möglich.

Tomaten-Mozzarellaplatte

Sommerliche Gemüsesuppe

Für 4 Personen

150 g Möhren,
200 g Kartoffeln,
etwas Suppengrün (Porree, Sellerie),
250 g Blumenkohl,
1 1/2 Gemüsebrühwürfel,
125 g TK Erbsen,
60 g Butter,
60 g Mehl,
Kräutersalz,
Pfeffer,
Muskat,
1/8 l Sahne,
1 Eigelb,
Petersilie

Das Gemüse putzen, waschen, in Würfel schneiden, Blumenkohl in Röschen teilen. Gemüse in das kochende Salzwasser geben ca. 20 Min. garen.

Die Suppe durch ein Sieb gießen, dabei die Brühe auffangen. Butter in einem Topf zerlassen, Mehl unter Rühren dazu geben. Mit der Brühe aufgießen und aufkochen lassen.

Mit Kräutersalz, Pfeffer und Muskat abschmecken.

Die Sahne mit dem Eigelb verquirlen und die Suppe damit legieren.

Das Gemüse in die Suppe geben und mit Petersilie bestreuen und servieren.

Kartoffelpuffer mit Lachs

Für 8 Personen

1 kg Kartoffeln,
Salz,
1 kl. Zwiebel,
2 Eier,
5 EL Haferflocken,
Öl,
geräucherten Lachs

Die Kartoffeln waschen, schälen und fein reiben oder zusammen mit den Eiern im Mixbecher pürieren. Zwiebel würfeln und mit den Eiern, Haferflocken und Salz zu den geriebenen Kartoffeln geben. Alles gut vermengen.

In einer Pfanne etwas Öl erhitzen und goldgelbe Puffer darin braten.

Pro Person 2 Puffer mit einer Scheibe gräuchertem Lachs auf einen Teller anrichten.

Etwas Senfdressing oder Knoblauchsoße dazu reichen.

Hauptgerichte

Gefüllte Tomaten

Für 2 Personen

4 Tomaten,
1/2 Salatgurke,
200 g Magerquark,
2 EL Sahne oder Milch,
1 Knoblauchzehe,
Salz,
Pfeffer

Von den Tomaten einen Deckel abschneiden und aushöhlen, Tomatendeckel in Würfel schneiden.

Die Gurke schälen und grob raspeln.
Den Quark mit Sahne und Gewürzen verrühren, zerdrückte Knoblauchzehe und zerkleinerte Gurke unter den Quark mischen.

Das gibt's dazu

1 EL Öl,
300 g Hähnchenbrust,
Salz,
Pfeffer,
Paprika,
2 Zweige Thymian

Das Öl in der Pfanne erhitzen, das Fleisch von beiden Seiten 5 Minuten braten und kräftig würzen.

Thymian waschen, abtrocknen, fein hacken und über das Fleisch geben.

Das Fleisch in Scheiben schneiden und mit den gefüllten Tomaten anrichten.

Mit Pellkartoffeln ein kleines Hauptgericht an heißen Tagen.

Paprika mit Gemüsefüllung

Für 2 Personen

2 rote Paprikaschoten,
160 g Mais,
2 Lauchzwiebeln,
1/2 Beet Kresse,
160 g Quark,
2 EL Milch,
160 g Hüttenkäse,
Salz,
Pfeffer,
etwas Petersilie

Von der gewaschenen Paprika 1/3 als Deckel abschneiden und ausputzen, den Deckel in Würfel schneiden.

Den Mais abtropfen lassen, die gewaschenen Lauchzwiebeln in Ringe schneiden, Kresse abschneiden. Quark mit der Milch verrühren, das Gemüse zugeben und den Hüttenkäse untermischen mit Gewürzen abschmecken.

Die Gemüsequarkcreme in die Paprikaschoten füllen, mit Petersilie garnieren. Köstlich zu Vollkornbrot.

Die Gemüsequarkcreme kann sehr gut als Dip verwendet werden.

Mit Pellkartoffeln ein kleines Hauptgericht an heißen Tagen.

Bohnenauflauf

Für 4 Personen

500 g Kartoffeln,
750 g Brechbohnen,
Salz,
1 Zwiebel,
evtl. 1 Knoblauchzehe,
2 EL Öl,
500 g Hack,
schwarzer Pfeffer,
2 Tomaten,
200 g Schafskäse,
100 g Sahne,
getr. Thymian

Bohnen und Kartoffeln gekocht verwenden. Zwiebel und Knoblauch hacken.

Öl erhitzen, Hack, Zwiebeln und Knoblauch darin 5 Min. braten. Mit Salz und Pfeffer abschmecken.

Bohnen abtropfen lassen, Kartoffeln in dicke Scheiben schneiden. Tomaten in Stücke schneiden. Hack in eine gefettete Auflaufform füllen. Kartoffeln, Bohnen und Tomaten mischen, auf das Hack geben.

Schafskäse grob raspeln, mit Sahne mischen, würzen und über den Auflauf geben.

Bei 200 °C ca. 15 Min. backen.

Hackfleisch-Bohnentopf

Für 4 Personen

100 g magerer Speck,
2 Zwiebeln,
1 EL Butaris,
500 g Hack,
500 g grüne Bohnen,
1/2 l Brühe,
8 Tomaten,
Salz,
Paprika,
Knoblauch,
geh. Petersilie

Den Speck würfeln und mit dem Hack und den Zwiebeln in Butaris anbraten, Bohnen und Brühe dazugeben und 20 Minuten garen.

Die Tomaten in Würfel schneiden, dazugeben und 15 Minuten mit schmoren.

Mit den Gewürzen abschmecken und mit der Petersilie anrichten.

Gefülltes Schweinefilet mit Salbeisoße

Für 4 Personen

1 Schweinefilet
(ca. 600 g),
Pfeffer,
Salz,
10 frische Salbeiblätter
oder 1 TL getrocknete
Salbeiblätter,
75 g Gouda,
75 g Kochschinken,
60 g Butter,
1/4 l Brühe,
1/8 l Sahne,
Paprika

In das Filet der Länge nach eine Tasche einschneiden. Innen und außen gründlich pfeffern und salzen, mit Salbeiblättern auslegen.

Gouda und Kochschinken fein würfeln und das Fleisch damit füllen. Zusammenklappen und mit Zahnstochern oder Rouladennadeln feststecken.

Das Filet in Butter von allen Seiten 5 Minuten anbraten, mit der Brühe ablöschen, bei milder Hitze ca. 20 Minuten schmoren.

Das Filet herausheben, Zahnstocher oder Nadeln entfernen.

Die Soße mit Sahne verrühren und bis zur gewünschten Konsistenz kochen lassen.

Mit Pfeffer, Paprika und Salbeiblättern würzen.

Gurkenhacktopf

Für 4 Personen

1 kg Schmorgurken,
1 rote + 1 grüne Paprika,
2 Zwiebeln,
500 g Fleischtomaten,
4 EL Rapsöl,
2 TL gem. Kräuter,
1 Lorbeerblatt,
85 g ensteinte Schwarze Oliven,
Salz,
Pfeffer,
500 g Bratwurstbrät oder Hack gut gewürzt

Gurke schälen, halbieren und Kerne herrausschaben und in Scheiben schneiden.

Paprika putzen und in Streifen schneiden.

Zwiebeln abziehen und in Ringe schneiden, Tomaten vierteln.

Zwiebeln im Öl glasig dünsten, Paprika und Gurken zugeben und bei starker Hitze anbraten. Kräuter, Lorbeerblatt und Tomaten zugeben.

Zugedeckt 5 Minuten schmoren, mit Salz und Pfeffer abschmecken.

Brät zu Klößchen formen und in Öl bei kleiner Hitze 10 Minuten anbraten.

Mit Gemüse servieren. Als Beilage Reis.

Gemüsepuffer

Für 4 Personen

200 g Weizenschrotmehl,
3 Eier,
1 1/2 TL Salz,
1/4 l Milch,
1/4 Kopf Weißkohl,
3 Lauchzwiebeln,
1 Zwiebel,
3 Möhren,
1/8 l Mineralwasser,
Öl zum Braten

Das Mehl mit den Eiern und Salz verrühren. Die Milch unter rühren dazugeben, den Teig 30 Minuten quellen lassen.

Den Weißkohl fein hobeln, Lauchzwiebeln in feine Ringe schneiden, Zwiebeln würfeln und die Möhren raspeln.

Das Gemüse unter den Teig heben und mit dem Mineralwasser verrühren.

Im heißen Öl von beiden Seiten goldbraun braten.

Kräuterdip

Für 4 Personen – Zu Gemüse- oder Kartoffelpuffer

1 B. Joghurt,
100 g Doppelrahmfrischkäse,
1 B. Crème fraîche,
1 Knoblauchzehe,
Kräutersalz,
Pfeffer,
4 EL geh. Kräuter

Joghurt, Frischkäse und Crème fraîche glatt rühren mit gepreßter Knoblauchzehe, Kräutersalz und Kräutern abschmecken.

Pfannkuchen überbacken (Wraps)

Für 4 Personen

150 g Mehl,
150 g Quark,
3 Eier,
etwas Milch,
Salz,
250 g gek. Schinken,
2 Frühlingszwiebeln,
200 g Spargel,
1 B. Schmand,
Kräuter,
150 g Käse

Aus Mehl, Quark, Eiern, Salz und Milch einen Pfannkuchenteig herstellen und in Rapsöl zu Pfannkuchen backen.

Gekochten Schinken, Zwiebeln und den Spargel würfeln, in einer Pfanne in etwas Öl andünsten, mit Salz und Pfeffer abschmecken und mit dem Schmand ablöschen.

3/4 des geraspelten Käse und die Kräuter zugeben und alles gut vermsichen.

Die Masse auf die Pfannkuchen verteilen, diese aufrollen und in eine Auflaufform legen.

Mit dem restlichen Käse bestreuen und überbacken bis der Käse zerlaufen ist.

Lasagne

Für 4 Personen

2 mittelgr. Zucchini, Salz, 200 g Nudelblätter, 100 g durchw. Speck, 2 Zwiebeln, 2 Knoblauchzehen, 2 Möhren, 1 gelbe Paprika, 6 EL Öl, 250 g Rinderhack, 3 Fleischtomaten, 1/2 Glas Weißwein, 1/8 l (evtl. etwas mehr) Brühe, 1 EL Tomatenmark, Salz, Pfeffer, 1 gr. Prise Zucker, 3/4 Zweig Oregano, 1/2 Bd. Petersilie	Die Zucchini waschen, in Ringe schneiden mit Salz würzen und ziehen lassen. Den Speck in Würfel schneiden und im heißen Öl glasig braten. Zwiebeln, Knoblauch, Möhren und Paprika zerkleinern und dazugeben, kurz andünsten. Das Hack krümelig braten, Tomaten dazugeben, untermischen und mit Wein und Brühe ablöschen. Das Gemüse und Tomatenmark dazugeben, mit Salz, Pfeffer, Zucker und Oregano würzen, ohne Deckel einkochen lassen. Abwechselnd mit Nudelblättern in eine Auflaufform füllen, mit Parmesan und Butterflöckchen bestreuen. Bei 200 °C 20–30 Min. backen.

Tortellini-Tomatenauflauf

Für 4 Personen

250 g Tortellini, 1 Zwiebel, 1 Knoblauchzehe, 200 g Champignons, 250 g Tomaten, 2 TL Thymian, Salz, Pfeffer, 150 g Käse, 1 B. Sahne, 1 Ei, 1 Bd. Petersilie	Nudeln garen, Zwiebeln und Knoblauch würfeln und in Öl glasig dünsten. Pilze in Scheiben schneiden und mit dünsten. Tomaten würfeln, dazugeben und kurz andünsten. Mit den Gewürzen pikant abschmecken, den geraspelten Käse unterheben und alles zusammen mit den Nudeln in eine Auflaufform schichten. Sahne, Ei und Petersilie verquirlen und über den Auflauf geben. 35–40 Min. bei 200 °C überbacken.

Nudel-Lachsragout

Für 2 Personen

400 g Lachsfilet,
Zitronensaft,
Salz,
Pfeffer,
250 g Muschelnudeln,
2 Zucchini,
1 Zwiebel,
1 Knoblauchzehe,
etwas Öl,
1 B. Sahne,
200 ml Milch,
Salz,
Pfeffer

Lachs mit Zitronensaft beträufeln, salzen und pfeffern. Die Nudeln bissfest kochen, die Zwiebel und Zucchini würfeln, in Öl dünsten.

Den Knoblauch dazugeben, mit Sahne und Milch ablöschen und 5 Minuten köcheln lassen.

Mit Salz und Pfeffer abschmecken.

Lachsfilet in die fertige Soße geben und ca. 10 Min. gar ziehen lassen.

Die Nudeln vorsichtig unterheben

Getreidebratlinge

Für 4 Personen

125 g Getreide (z.B. Grünkern, Weizen, Gerste, Hafer),
375 ml Wasser,
1 TL gekörnte Brühe,
1 Ei,
75 g Magerquark,
1 feingeh. Zwiebel,
50 g ger. Käse,
1 TL Salz,
Paprika,
Kümmel,
Muskatnuß,
30 g blütenzarte Haferflocken,
20 g Öl

Getreide ca. 12 Stunden einweichen, anschließend noch 40 Min. mit Wasser ausquellen (köcheln) lassen. Abkühlen lassen.

Das Getreide mit den Zutaten gut vermengen und kräftig abschmecken.

Ca. 10 Bratlinge formen, in Haferflocken wenden und in dem erhitzten Öl ca. 7 Min. von jeder Seite braten.

Sommerquark mit Pellkaroffeln

Für 4 Personen

1 kg Quark,
etwas Milch,
3 EL Öl,
3 TL Kräutersalz,
1/2 TL Zucker,
Pfeffer,
1 Zwiebel,
1 kl. Salatgurke,
1 gr. Apfel,
1 Bd. Radieschen,
500 g Tomaten,
1 Bd. Dill,
1 Bd. Petersilie,

1 kg Kartoffeln

Quark mit Milch, Zucker und Öl verrühren und mit Kräutersalz, Pfeffer und Zucker abschmecken.

Die Zwiebel, die Gurke, den Apfel, die Radieschen und die Tomaten würfeln und mit der Quarkmasse verrühren.

Dill und Petersilie fein hacken und unterheben.

Auch sehr gut geeignet für die Kräuterkartoffeln im Bratschlauch.

Die Kartoffeln ungeschält mit Salz garen.

Grillplatte

Foto siehe Seite 68

Zur sommerlichen Grillparty gehören Fleisch, gute Würste, frische Salate, köstliche Soßen und Dips, Brot, Pellkartoffeln, kühle Getränke und gute Laune. Fleisch wie z.B. Nackensteaks, Schnitzel vom Schwein, Steak vom Rind gelingen immer zart, wenn man sie ca. 6-24 Std. vorher in eine Beize legt.

Grill-Steak gebeizt

Für 4 Personen – Foto siehe Seite 68

2 Zwiebeln,
4 EL Öl,
3 EL Rotweinessig,
2 EL Tomatenketchup,
1/2 TL Worcestersoße,
einige Spritzer Tabascosoße,
1 TL scharfer Senf,
1/4 TL Knoblauchsalz,
1 Prise Zucker,
Salz,
etwas Oregano,
1/2 Bund Petersilie

Die Zwiebeln putzen und reiben oder in der Moulinette zerkleinern.

Alle Zutaten in eine Schüssel geben und gut verrühren. Die Petersilie fein hacken und dazugeben.

Fleisch in die Beize legen und mindestens 1 Stunde durchziehen lassen, abtropfen lassen und grillen.

Für verschiedene Fleischsorten geeignet.

Marinade für Grillfleisch

Foto siehe Seite 68

2 Knoblauchzehen,
1 rote Chilischote,
1 Stück frischer Ingwer,
6 EL Pflanzenöl,
3 EL Sojasoße,
1 EL Honig,
3 EL Weißwein,
1 TL Pfeffer,
3 EL Senf,
200 ml Gemüsebrühe,
2 EL Dill

Alle Zutaten fein hacken und gut verrühren. Fleisch einlegen und 2 Stunden ziehen lassen.

Beilagen und Salate

Tzatziki

Für 10 Personen

500 g Magerquark,
200 g Sahne,
Salz,
Pfeffer,
2–3 Knoblauchzehen,
1 kleine Salatgurke

Magerquark, Sahne mit Salz, Pfeffer und den zerdrückten Knoblauchzehen verrühren.

Die Salatgurke in Streifen raspeln und unterheben.

Einige Stunden gut durchziehen lassen.

Unbedingt mit dem Partner gemeinsam genießen, ansonsten macht Knoblauch sehr einsam!

Lauchbutter

Für 4 Personen – Ein pikanter Brotaufstrich

125 g weiche Butter,
1 kl. Stange Lauch,
Salz,
Pfeffer

Die Butter cremig rühren, Lauch sehr, sehr fein schneiden.

Alle Teile gut miteinander verrühren.

Zitronenbutter

Für 4 Personen – Ein interessanter Brotaufstrich

125 g weiche Butter,
2 TL fein geh. Zitronenmelisse,
2 Blättchen Minze,
Schale und Saft einer halben Zitrone,
1–2 TL Honig

Alle Teile gut miteinander verrühren.

Kräuterbutter

Für 4 Personen

125 g weiche Butter,
1 Pk. TK 8 Kräuter,
1 EL Zitronensaft,
1/2 TL Salz

Die Butter cremig rühren. Alle Teile gut miteinander verrühren!

Zwiebel-Knoblauchsoße

Für 4 Personen

200 g Buttermilch,
1 B. Sahnedickmilch,
1 gr. Zwiebel,
2 Knoblauchzehen,
1 Frühlingszwiebel,
2 EL Zitronensaft,
Pfeffer,
Salz,
Zucker

Knoblauch durch die Presse drücken, Zwiebel sehr fein schneiden.

Alles gut verschlagen und mit den Gewürzen abschmecken.

Bananen-Currysoße

Für 4 Personen

3 Bananen,
3 EL Ketchup,
2 EL Zitronensaft,
2 EL Öl,
1 EL Zucker,
2 EL Curry,
1 TL Salz,
1 TL Tabasco,
2 EL Schnittlauch,
3 kl. Zwiebeln

2 Bananen pürieren, 1 Banane klein schneiden. Zwiebeln sehr fein hacken, Schnittlauch in Röllchen schneiden.

Alles gut verrühren und würzig abschmecken.

Passt zu kaltem Fleisch.

Bircherkartoffeln (z. B. als Grillbeilage)

Für 4 Personen

10 große Kartoffeln,
Kümmel,
Sesam,
Salz,
50 g Butter

Kartoffeln waschen, längs halbieren und in ein Gemisch aus Kümmel und Sesam eintauchen.

Mit Salz bestreuen und mit zerlassener Butter übergießen.

Mit der Schnittfläche auf dem Backblech 40–45 Min. bei 190 °C im Backofen backen.

Blumenkohl mit Schinken

Für 4 Personen – Lecker für ein ausgedehntes Frühstück oder für ein Salatbüfett

1 Blumenkohl,
1 Ei,
1 TL Senf,
1 TL Essig,
1/2 TL Salz,
2 TL Zucker,
1/4 l Öl,
1 Becher Creme fraîche mit Kräutern,
1 hartgekochtes Ei,
2 Gewürzgurken,
gemischte Kräuter,
300 g Schinken

Blumenkohl in Salzwasser garen, abtropfen lassen und auf einen Platte geben.

1 Ei, Senf, Essig, Salz und Zucker mit dem Mixer verrühren, Öl unter ständigen Rühren langsam dazugeben, bis die Mayonnaise kein Öl mehr aufnimmt.

Creme fraîche unterrühren.

Gekochte Eier und Gurken klein schneiden, Kräuter hacken.

Alles vermischen und über den Blumenkohl geben. Schinken fein würfeln und um den Blumenkohl streuen.

Blumenkohl mit Schinken

Kopfsalat mit Sahnesoße

Für 4 Personen

1 Kopfsalat,
1 kl. Zwiebel,
1 Bd. Petersilie,
1 Bd. Dill,
1 Bd. Schnittlauch,
1 B. saure Sahne,
1–2 EL Essig,
Salz,
Pfeffer,
1 Pr. Zucker

Salat waschen, putzen. Zwiebel schälen, würfeln, Kräuter waschen und klein hacken.

Zutaten zur Salatsoße verrühren, abschmecken.

Zwiebeln und Kräuter hinzugeben, Kopfsalat mit Salatsoße mischen.

Schlemmersoße

Für 4 Personen

200 g fettarme Dickmilch,
4 EL Schlagsahne,
1 TL Paprikapulver,
1 Spritzer Tabasco,
etwas Salz,
etwas Essig,
1 EL feingeschnittener Schnittlauch,
1/2 kl. rote Paprika,
1/2 kl. grüne Paprika,
evtl. 1 EL deutscher Kaviar

Die Paprika fein würfeln und mit den anderen Zutaten verrühren und abschmecken.

Soße etwas ziehen lassen und anschließend extra zu grünem Blattsalat servieren.

Dillsoße

Für 4 Personen

1 B. Joghurt,
100 g Crème fraîche,
Zitronensaft,
Salz,
Pfeffer,
1 TL Zucker,
1 Bd. Dill

Dill klein hacken und alle Zutaten miteinander vermengen.

Avocadodip

Für 4 Personen

2 weiche Avocados,
2 EL Zwiebeln,
2 EL Zitronen- oder Limettensaft,
1 EL Gemüsebrühe gekörnt,
1 EL Oregano,
Salz

Das Fruchtfleisch und die anderen Zutaten (Gemüsebrühe nicht auflösen) mit einer Gabel zerdrücken und vermengen.

Die Avocado-Creme schmeckt gut zu Tortilla-Chips, Taccos und Kräcker.

Tipp:
Kleine Tomatenstückchen oder hartgekochtes Ei in Stückchen sind eine interessante Abwandlung

Kräuterdip und Gemüsesticks

Kräuterdip für Gemüsesticks

Für 4 Personen

1 B. Magerquark,
1 B. Frischkäse mit Kräutern,
1 Stange Porree,
Salz,
Pfeffer,
frische Kräuter nach Geschmack

Quark und Frischkäse verrühren, Porree in sehr feine Streifen schneiden, Kräuter fein hacken.

Alles gut vermengen und mit Salz und Pfeffer abschmecken.

Tipp:
Dieser Dip kann auch verändert werden. Statt Porree z.B. mit grüner Gurke und Knoblauch.

Grünkern-Aufstrich

Für 4 Personen

125 g Grünkern,
1 Lorbeerblatt,
1 EL Gemüsebrühe,
150 g Butter,
1 Msp. Thymian,
1 Msp. Pfeffer,
1 Msp. Majoran,
Kräutersalz,
etwas Knoblauch,
Petersilie,
Schnittlauch

Grünkern grob schroten und mit 2 Tassen Wasser, dem Lorbeerblatt und der Gemüsebrühe ca. 15 Min. garen.

Die restlichen Zutaten in die erkaltete Grünkernmasse kneten. Schmeckt besonders gut auf dunklem Brot.

Kräuter-Baguette mit Knoblauchdip

Für 6 Personen

50 g Rauke (Rucola),
3 kleine Tomaten,
2 B. (a 200 g) Knoblauch Quark,
1 Bd. Petersilie,
3 EL (60 g) weiche Butter,
Salz,
weißer Pfeffer,
1 Baguettebrot,
2 Knoblauchzehen

Rauke und Tomaten putzen, waschen. Rauke hacken, Tomaten entkernen und fein würfeln.

Beides mit dem Knoblauch Quark verrühren.

Petersilie waschen und hacken.

Mit der Butter verrühren und mit Salz und Pfeffer würzen.

Baguette in Scheiben schneiden. Mit Kräuterbutter bestreichen. Knoblauch schälen, in dünne Scheiben schneiden und darüber geben.

Im heißen Backofen (E-Herd: 225 °C / Umluft: 200 °C / Gas: Stufe 4) 5–6 Min. knusprig backen.

Mit dem Knoblauch Dip anrichten.

Vitaminquark

Für 4 Personen

250 g Magerquark,
10 EL Milch,
1 kl. rote Paprika,
1 Gewürzgurke,
1 kl. Zwiebel,
1/2 Bd. Radieschen,
1/4 TL Worcestersoße,
1/4 TL Salz

Paprika, Gurke, Zwiebel und Radieschen fein würfeln und mit den restlichen Zutaten vermengen.

Salatsoße mit Wodka

Für 4 Personen

5 EL Salat Mayonnaise,
3 EL Schlagsahne,
1 EL (knapp) Wodka,
1/2 TL Zucker,
1 Prise Salz,
1 Spritzer Tabasco,
2 EL deutscher Kavier

Alle Zutaten gut verrühren, Kaviar vorsichtig unterheben. Diese Soße passt gut zu Blattsalat.

Französische Soße

Für 4 Personen

1/2 Bd. Kerbel,
1/2 Bd. Estragon,
2 Blätter Liebstöckel,
2 Zweige Petersilie,
1/2 TL Salz,
1/2 TL Selleriesalz,
1 hartgekochtes Ei,
3 EL Öl,
1 TL scharfer Senf,
3 EL Essig,
2 EL Joghurt,
2 EL Salat Mayonnaise,
5 EL Schlagsahne

Kräuter waschen und die Blätter fein hacken. (Oder je 1/2 TL getrockneten Kerbel und Estragon sowie 1 Msp. getrocknetes Liebstöckel mit der frischen Petersilie, dem Salz und einigen Tropfen Wasser zerstampfen und 2 Std. durchziehen lassen.

Das Ei schälen und das Eigelb zu den Kräutern geben. Die restlichen Zutaten hinzufügen, bei den frischen Kräutern auch das Salz.

Alles mit dem Schneebesen gut glatt, aber nicht schaumig schlagen.

Das Eiweiß hacken und untermischen. Evtl. 1–2 EL Tomatenketchup unterziehen.

Diese Soße schmeckt zu Fleischsalat, zu vielen Gemüsen, z. B. Spargel, Tomaten, Artischocken und zu hartgekochten Eiern.

Kefir-Salatsoße

Für 4 Personen

1 B. (250 g) Kefir,
2–3 EL Salat-Mayonnaise,
1 EL Tomatenketchup,
2 TL Tomatenmark,
1 TL Worcestersoße,
etwas Zitronensaft,
Salz,
weißer Pfeffer,
Paprika,
evtl. Zucker

Alle Zutaten miteinander verquirlen, herzhaft abschmecken und gekühlt bis zum Anrichten aufbewahren.

Kräuterkartoffeln im Bratschlauch

Für 4 Personen

2 kg kleine Frühkartoffeln,
5 EL geh. Kräuter,
2 Knoblauchzehen,
1 TL Salz.
3 EL Wasser,
30 g Butter

Kartoffeln waschen und gründlich bürsten, in einen Bratschlauch geben, Kräuter fein hacken und zu den Kartoffeln in den Bratschlauch geben, mit Knoblauch und Salz würzen.

Wasser und Butter aufkochen, über die Kartoffeln geben und etwas durchschwenken.

Schlauch gut verschließen.

Bei 200 °C 1 1/2 Std. im Backofen garen.

Passt gut zu gegrilltem Fleisch.

Grillparty, verschiedene Beilagen, Kräuterkartoffel im Bratschlauch, Sommererfrischung

Sommerlicher Gurkensalat

Für 4 Personen

1 Salatgurke,
Blütenblätter von Ringelblumen und Borretsch
für die Soße:
1 B. Schmand,
1 Prise Zucker,
1 EL Zitronensaft,
Salz,
Pfeffer,
1 Bd. Dill

Die Salatgurke in Scheiben schneiden und auf einer schönen Platte anrichten.

Die Blütenblätter über die Gurkenscheiben streuen.

Schmand, Zitronensaft, Zucker, Salz, Pfeffer und gehackten Dill verrühren und eventuell getrennt zum Salat reichen.

Tip: Ringelblumen, Borretschblüten, Gänseblümchen und Kapuzinerkresse und Löwenzahnblüten sind originelle, essbare Sommerdekorationen für Salate.

Sommersalat

Für 4 Personen

200 g Eisbergsalat,
1 Apfel,
200 g Staudensellerie,
2 Tomaten

Für die Marinade:
1 Magerjoghurt,
100 g Crème fraîche,
Saft einer Zitrone,
Salz,
Pfeffer,
1 TL Zucker,
Dill

Eisbergsalat, Apfel, Staudensellerie und Tomaten klein schneiden.

Aus Joghurt, Crème fraîche, Zitronensaft, Zucker, Salz, Pfeffer und Dill eine Marinade erstellen und über das gemischte Gemüse geben.

Sommerlicher Gurkensalat

Grüner Salat mit Gänseblümchen

Für 4 Personen

1 Kopf Lollo Bionda
oder einen Kopfsalat,
1 Bd. frische Kräuter

für die Marinade:
4 EL Walnussöl,
2 EL Weinessig,
1/2 TL Senf,
Kräutersalz,
Pfeffer,
1 kleine Zwiebel,
10 halbe Walnusskerne,
Gänseblümchen

Salat und Kräuter waschen, zerkleinern und in einer Schale anrichten.

Die Zutaten für die Marinade verrühren, die Zwiebel fein hacken, die Walnusshälften etwas gröber, alles über den Salat geben und mit Gänseblümchen garnieren.

Kräutersoße

Für 4 Personen

3 EL Sonnenblumen-
oder Rapsöl,
6 EL Essig,
1 TL Senf,
Salz,
Pfeffer,
1 Zwiebel,
2 hartgekochte Eier,
1 P. TK 8-Kräuter

Die ersten Zutaten kräftig verrühren, Zwiebel und Eier fein würfeln und unterheben, Kräuter überstreuen.

Die Soße passt gut zu Blattsalaten, Tomatensalat und Toast.

Tomatenbrote – einmal anders

Für 4 Personen

4 Vollkornbrotscheiben,
Butter,
8 Scheiben Gouda,
4 Blätter Salat,
2 gr. Tomaten,
Petersilie,
8 Gänseblümchen

Brote buttern, in Rechtecke schneiden, mit Salatblatt und Käse belegen. Mit einer großen Tomatenscheibe und Gänseblümchen garnieren.

Fitness Salat

Für 8–10 Personen

1 Kopfsalat,
1 Lollo Rosso,
250 g Cocktailtomaten,
1 Salatgurke,
je 1 rote,
grüne und gelbe
Paprika,
1 Bd. Lauchzwiebeln,
1 rote Zwiebel

Für die Marinade:
4 EL Balsamico Essig,
1 TL Senf,
Salz,
Pfeffer,
Zucker,
8 EL Olivenöl,
1 EL
Sonnenblumenkerne

Das Gemüse waschen, putzen und klein schneiden, Gurke halbieren und in Scheiben schneiden, Paprika in dünne Streifen, Zwiebel in feine Ringe schneiden.

Aus den angegebenen Zutaten eine Marinade bereiten, abschmecken und über den Salat geben.

Mit Sonnenblumenkernen und evtl. mit frischen Kräutern bestreuen.

Bohnensalat

Für 4 Personen

1 Glas gelbe Bohnen,
1 Glas grüne Bohnen,
1 rote Paprikaschote,
1 grüne Paprikaschote,
1 Zwiebel,
1 Dose Mandarinen,
3 TL Honig

Für die Marinade:
3 EL Essig,
2 EL Öl,
50 g Apfelgelee,
Salz und Zucker nach Geschmack

Paprika und Zwiebeln würfeln, Bohnen dazugeben und alles 2 Min. im Honig schwenken.

Aus den angegebenen Zutaten eine Marinade herstellen und über den Salat gießen und gut durchziehen lassen.

Kartoffelsalat mit Tomaten

Für 4 Personen

1 kg Kartoffeln,
1/4 l Brühe,
8 EL Weißweinessig,
1 Knoblauchzehe,
Salz,
Pfeffer,
250 g Kirschtomaten,
100 g Rauke,
10 g Pinienkerne,
etwas Olivenöl,
1/2 Bd. Basilikum

Die Kartoffeln waschen und gar kochen.

Aus Brühe, Essig, Knoblauch und den Gewürzen eine Marinade herstellen.

Die gegarten Kartoffeln pellen, in Scheiben schneiden und in die Marinade geben. Ziehen lassen.

Tomaten waschen, halbieren.

Rauke waschen und klein zupfen und vorsichtig unter den Kartoffelsalat heben.

Pinienkerne im Ölivenöl leicht rösten.

Vor dem Servieren den Salat mit den gerösteten Pinienkernen und dem gehackten Basilikum bestreuen.

Kartoffelsalat mit Tomaten

Blumenkohl-Rohkost

Für 4 Personen

1 kl. Blumenkohl,
2 Birnen,
3 Apfelsinen,
1 Ei,
1/8 l Öl,
Senf,
Zitronensaft,
Salz,
Pfeffer,
125 g Quark,
1 EL gehackte Mandeln

Den Blumenkohl grob raspeln, die Früchte in kleine Stücke schneiden.

Aus dem Ei, dem Senf, 1/2 TL Salz und Pfeffer, Zitronensaft und Öl eine Mayonnaise herstellen.

Den Quark unterrühren und alles über den Blumenkohl und die Früchte gießen.

Vorsichtig vermengen und zum Schluss die Mandeln überstreuen.

Dill-Kartoffelsalat

Für 6–8 Personen

1,5 kg Kartoffeln,
2 kl. Zwiebeln,
1/4 l heißes Wasser,
1 TL Instant Hühnerbrühe,
2 kl. Dosen Mais (300 g),
2 Äpfel,
1 Salatgurke,
1 Bd. Dill,
8 EL Öl,
8 EL Essig,
1 TL Salz,
1/4 TL schwarzen Pfeffer,
1/4 TL Zucker,
1 Kopf grüner Salat

Kartoffeln am Vortage kochen, abpellen, in Scheiben schneiden. Zwiebeln reiben oder durch die Knoblauchpresse geben und mit den Kartoffelscheiben vermischen.

Brühe herstellen, über die Kartoffeln gießen, vorsichtig unterrühren und 10 Min. durchziehen lassen.

Mais abtropfen lassen, Äpfel und Gurke schälen und würfeln. Dill sehr fein hacken.

Öl, Essig, Salz, Pfeffer und Zucker kräftig verrühren und zu den Kartoffeln geben. Gut durchziehen lassen.

Den Kopfsalat waschen und abtropfen lassen.

Eine große Salatschüssel mit den Salatblättern auslegen und den nochmals abgeschmeckten Salat einfüllen.

Dazu passt gebratenes oder gegrilltes Fleisch.

Brokkolisalat

Für 4 Personen

500 g Brokkoli,
1 TL Salz,
4 Eier,
3 Fleischtomaten,
200 g Gouda,
1 kl. Kopf Salat,
1 P. 8 Kräuter (TK),
etwas Zucker,
frisch gem. Pfeffer,
2 TL Senf,
1 B. Joghurt,
3 EL Mayonnaise,
2 EL gehackte Petersilie

Den Brokkoli in kleine Röschen teilen, die zarten Stiele in Scheiben schneiden und in 2 cm Wasser mit Salz knackig dünsten, herausnehmen und abkühlen lassen.

Die Eier hart kochen, abpellen und achteln, Tomaten waschen und ebenfalls achteln.

Den Käse grob würfeln.

Eine Platte mit Salatblättern auslegen, den Brokkoli darauf verteilen, Eier, Tomaten und Käse darauf geben.

Aus den weiteren Zutaten eine Salatsoße herstellen und auf der Platte verteilen.

Mit frisch gehackter Petersilie bestreuen.

Kräftiges Brot dazu reichen.

Reissalat

Für 4 Personen

250 g Reis,
250 g Hähnchenbrust,
500 g Pfirsiche,
2 Bananen,
1 Zwiebel,
1 TL Curry,
8 EL Zitronensaft,
8 EL Essig,
Pfirsichsaft,
Tomatenketchup,
4 EL Öl,
Salz,
Pfeffer,
Zucker

Den Reis kochen, die Hähnchenbrust braten und beides abkühlen lassen.

Pfirsiche und Bananen in Scheiben schneiden, die Hähnchenbrust in kleine Stücke schneiden.

Die Zwiebel fein würfeln und alles vermischen.

Aus Curry, Zitronensaft, Essig, Öl, Pfirsichsaft und Ketchup eine Marinade herstellen, mit Salz, Pfeffer und Zucker abschmecken und mit den übrigen Zutaten vermischen.

Salattorte

Für 4–6 Personen

1 Kopfsalat,
1 Salatgurke,
3 Zwiebeln,
500 g Tomaten,
1 Stange Porree,
7 hartgekochte Eier,
7 Scheiben gekochter Schinken (ca. 200 g),
1 Rettich,
7 Scheiben Hartkäse (ca. 200 g),
geh. Petersilie
Außerdem: 1 Tortenplatte von ca.30 cm Durchmesser,
1 Tortenrand,
1 elektr. Messer

Kopfsalat putzen, gut abtropfen lassen und in ganzen Blättern auf die Tortenplatte in den Tortenrand legen.

Salatgurke waschen und in dünne Scheiben schneiden und gleichmäßig auf den Salatblättern verteilen.

Zwiebeln putzen, in Ringe schneiden, auf die Gurkenscheiben legen.

Tomaten waschen, in Scheiben schneiden, auf die Zwiebelringe legen.
Porree putzen, waschen, in feine Ringe schneiden und gleichmäßig auf den Tomatenscheiben verteilen.
Eier pellen, in Scheiben schneiden und auf den Tomatenscheiben verteilen.

Mit den Schinkenscheiben das Gemüse belegen, etwas andrücken.
Rettich schälen, in Scheiben schneiden und auf dem gekochten Schinken verteilen.

Die Salatplatte mit den Käsescheiben abdecken und mit Petersilie dekorieren. Fest in den Tortenrand dücken.

Vor dem Servieren Rand entfernen.
Mit dem elektrischen Messer portionieren.

Für das Dressing:
750 g Joghurt,
125 ml Milch,
7 TL Mayonnaise,
Salz, Pfeffer,
Senf, Essig,
frische gehackte Kräuter

Alle Zutaten verrühren und getrennt zur Salattorte reichen.

Nudelsalat mit Thunfisch

Für 4 Personen

250 g Gabelspaghetti,
375 g Fleischtomaten,
1 Bd. Frühlingszwiebeln,
250 g grünen Paprika,
100 g schwarze Oliven,
150 g Edamer,
1 Dose Thunfisch

Für die Soße:
1 TL Kapern,
1 Knoblauchzehe,
Petersilie,
Basilikum,
3 EL Essig,
Pfeffer,
5 EL Öl

Spaghetti nach Anweisung garen.

Tomaten, Zwiebeln, Paprika und Käse würfeln und mit dem Thunfisch und den Oliven vermengen.

Für die Soße die Kapern im Mörser fein zerstoßen, Knoblauch durch die Presse drücken, Petersilie und Basilikum fein hacken. Essig und Öl dazu geben und mit Pfeffer würzen.

Die Soße über den Salat geben und mind. 1 Stunde ziehen lassen.

Evtl. nochmals abschmecken.

Nachspeisen

Himbeer-Mohnspeise

Für 4 Personen

250 g Himbeeren,
2 EL Zitronensaft,
2 EL Zucker,
375 g Quark,
100 ml Milch,
1 Vanillezucker,
75 g Zucker,
25 g Mohnback

Die Himbeeren mit dem Zitronensaft und 2 EL Zucker pürieren.

Den Quark mit der Milch, dem Vanillezucker, Zucker und Mohnback verrühren.

In einer Glasform abwechselnd Quarkmasse und Himbeermus einschichten.

Einige Stunden kühl stellen.

Mit einigen Blättchen Zitronenmelisse garnieren.

Himbeercreme mit Sekt

Für 4 Personen

500 g Himbeeren,
150 g Zucker,
1 Vanillezucker,
8 Bl. Gelatine,
2 Zitronen,
4 Eier,
200 ml trockenen Sekt,
250 g Schlagsahne

Himbeeren pürieren und mit 50 g Zucker süßen.

Eier trennen und das Eigelb mit 100 g Zucker cremig schlagen.

Gelatine in etwas Zitronensaft auflösen, 2 EL davon zum Himbeerpüree geben, den Rest zusammen mit dem Sekt unter die Eigelbmasse rühren.

Wenn die Masse zu gelieren beginnt, die geschlagene Sahne und das steif geschlagene Eiweiß vorsichtig unterheben.

Die Sektcreme abwechselnd mit dem Himbeerpüree in eine Glasschale schichten und mit einigen Himbeeren garnieren.

Sektcreme mit Früchten

Für 4 Personen

150 ml trockener Sekt,
75 g Zucker,
3 Eigelb,
1 Ei,
1 EL Speisestärke,
Saft von 1 1/2 Zitronen,
1 B. Schlagsahne,
250 g Himbeeren

Sekt, Zucker, Eigelb, Ei, Stärke und Zitronensaft in eine Schüssel geben.

Auf dem heißen Wasserbad mit dem Schneebesen zu einer dickschaumigen Creme aufschlagen

Im Wasserbad erkalten lassen und die geschlagene Sahne unterheben.

In Gläsern mit den Früchten anrichten. Schmeckt auch mit Erdbeeren, Heidelbeeren, usw.

Beerenkaltschale

Für 4 Personen

400 g gemischte Beeren (Erd-, Johannis-, Him-, Blaubeeren),
80 g Puderzucker,
2 EL Zitronensaft,
1 EL Orangenlikör,
etwas Zimt,
0,5 l Dickmilch,
Vanille Eiscreme

Die Beeren vorbereiten und mit Puderzucker, Zitronensaft, Likör und Zimt vorsichtig mischen.

40 Min. durchziehen lassen.

Kurz vor dem Verzehr die Dickmilch unterheben.

In Dessertgläser füllen und mit einer Eiscremekugel garnieren.

Sommerlaune (Obstsalat)

Für 4 Personen

2 Birnen,
500 g Brombeeren,
250 g Himbeeren,
125 g Zucker,
1/8 l Sahne,
1/4 l Eierlikör,
Borkenschokolade

Birnen schälen, vierteln, Kerngehäuse entfernen.

Die Birnenstücke in hauchdünne Scheiben schneiden. Brombeeren und Himbeeren vorbereiten und zusammen mit den Birnenscheiben in eine Schüssel geben, Zucker darüber streuen.

Die Sahne steif schlagen, Eierlikör unterheben und über den Obstsalat verteilen.

Mit Borkenschokolade garnieren.

Feiner Brombeercocktail

Für 4 Personen

500 g Brombeeren,
1 Birne,
1 Banane,
8 EL Kokosraspeln,
etwas Butter

Für die Soße:
1 B. Sahnejoghurt,
1 EL Zucker,
Zimt

Brombeeren vorbereiten, Birne schälen, vierteln und entkernen, Banane schälen und in Scheiben schneiden.

Das Obst vorsichtig vermischen und in eine Glasschüssel füllen.

Die Kokosraspeln in etwas Butter rösten und den Salat damit bestreuen.

Für die Soße die obigen Zutaten verrühren und getrennt zum Salat reichen.

Sommerlaune (Obstsalat) und Sahnejoghurt

Quark-Himbeer-Raffaelo-Speise

Für 4–6 Personen

3 EL Kokosraspel,
200 ml Schlagsahne,
1 Vanillezucker,
1 Sahnesteif,
500 g Quark (20%),
50 g Zucker,
Mark einer Vanilleschote,
2 EL Eierlikör,
200 g Raffaelo Kokoskonfekt,
400 g Himbeeren.

Die Kokosraspeln ohne Fett in der Pfanne rösten, auf einem Teller auskühlen lassen.

Sahne, Vanillezucker und Sahnesteif steif schlagen. Quark, Zucker, Vanillemark und Eierlikör glattrühren. Die Sahne unterheben und kalt stellen.

Die Raffaelos halbieren und 8 Kugeln zum Garnieren zur Seite legen.

Die Hälfte vom Quark in eine Auflaufform füllen, die halbierten Raffaelos darauf verteilen, dann 300 g Himbeeren und den restlichen Quark darüber geben.

Die Kokosraspeln darauf verteilen, mit den 8 Raffaelo Kugeln und den restlichen Himbeeren garnieren.

Joghurtspeise mit Erdbeerspiegel

Für 4 Personen

400 g Joghurt,
100 g Quark,
100 g Zucker,
1 Vanillezucker,
Saft einer Orange,
2 EL braunen Rum,
6 Bl. weiße Gelantine,
1/8 l Sahne
300 g Erdbeeren,
100 g Zucker,
Saft einer Orange,
2 EL Orangenlikör

Die ersten sechs Zutaten verrühren, Gelatine nach Anweisung auflösen und unterziehen.

Die geschlagene Sahne unterheben, wenn die Masse zu gelieren beginnt.

Die Erdbeeren pürieren, mit Zucker, Orangensaft und Orangenlikör abschmecken und über die steife Speise gießen.

In Gläsern serviert sehr dekorativ.

Joghurtspeise mit Erdbeerspiegel

Buttermilchspeise mit Pfirsichen

Für 4 Personen

3 Pfirsiche,
Saft einer Zitrone,
50 g Zucker,
1/2 l Buttermilch,
evtl. 2 EL Pfirsichlikör,
6 Bl. weiße Gelatine

Pfirsiche überbrühen, Haut abziehen, halbieren, eine Hälfte zur Seite legen, die restlichen Pfirsichhälften pürieren und mit Zucker und Zitronensaft abschmecken.

Buttermilch zugeben und evtl. auch den Likör.

Die Gelatine einweichen, auflösen und unterrühren.

Die Speise kalt stellen und mit Pfirsichspalten garnieren.

Himbeereis

Für 8 Personen

2 EL Zucker,
1/8 l Sahne,
125 g Joghurt,
2 EL Himbeerkonfitüre

Sahne, Joghurt und Zucker cremig schlagen, die Himbeerkonfitüre unterziehen.

Die Masse in kleine Eisformen füllen und 2–3 Stunden gefrieren.

Sahnejoghurt zu frischen Früchten

Für 4 Personen – Foto siehe Seite 111

Früchte nach Jahreszeit und Geschmack,
200 g Sahne,
1 EL Zucker,
250 g Joghurt

Sahne sehr steif schlagen, Zucker einrieseln lassen und den Joghurt unterheben.

Gebäck

Eistorte

150 g Baiser,
100 g gehackte Mandeln,
100 g Schokoladenraspel,
1 kleine Dose Ananas,
1 l Sahne

Baiser zerbröckeln, Mandeln in der Pfanne rösten.

Ananas in kleine Stücke schneiden und die Sahne sehr steif schlagen.

Alle Zutaten miteinander vermischen.

Einen Tortenrand auf eine Platte stellen. Masse einfüllen und einfrieren.

Erdbeer-Mascarponetorte

250 g Mehl,
1 TL Backpulver,
70 g Zucker,
1 Ei,
1 Vanillezucker,
1 Prise Salz,
125 Butter,
500 g Mascarpone,
80 g Zucker,
1 1/2 Zitronensaft,
1/2 Tasse Milch,
1 Tortenguss,
Erdbeeren

Aus Mehl, Backpulver, 70 g Zucker, Ei, Vanillezucker, Salz, Butter einen Mürbeteig zubereiten und bei 200 °C ca. 15 Min. backen.

Aus Mascarpone, Milch, 80 g Zucker, Zitronensaft eine glatte Creme rühren und auf den Mürbeteigboden streichen.

Mit Erdbeeren belegen und dem nach Anweisung zubereiteten Tortenguss übergießen.

Schmeckt auch mit anderen Früchten.

Himbeer-Dickmilchtorte

Knetteig:
60 g Mehl,
60 g Zucker,
60 g gehackte Mandeln,
60 g Butter,

Biskuitteig:
2 Eier,
100 g Zucker,
1 Vanillezucker,
50 g Mehl,
50 g Maizena,
1 TL Backpulver,
2 EL Marmelade

Füllung:
500 g Dickmilch,
1 Zitronensaft,
75 g Zucker,
12 Blatt weiße Gelatine,
1/2 l Sahne,
400–500 g Himbeeren

Aus den Knetteigzutaten einen Teig herstellen und auf Backpapier in einer Springform ca. 10 Min bei 200 °C backen.

Für den Biskuitteig die Eier trennen, Eiweiß steif schlagen, Eigelb mit Zucker und Vanillezucker schaumig rühren, Eiweiß mit gesiebtem Mehl, Maizena, Backpulver unterheben.

Bei 180 °C ca. 20 Min. backen. Für die Füllung Dickmilch mit Zitronensaft und Zucker verrühren. Eingeweichte und aufgelöste Gelatine zugeben.

Sahne steif schlagen und unter die Dickmilchmasse heben, wenn die Creme geliert.

Den Mandelboden mit Marmelade bestreichen, Biskuitboden darauf und Tortenring um beide Böden legen.

Dickmilchcreme auf den Tortenboden streichen und kalt stellen. 1/2 l Obstsaft (Himbeere) mit 6 Blatt aufgelöster Gelatine und evtl. Zucker verrühren und kalt stellen.

Himbeeren auf der Dickmilchreme verteilen, mit dem gelierenden Saft abdecken und nach dem Erstarren mit Sahne verzieren.

Tortenring erst lösen, wenn die Torte ganz durchgekühlt ist.

Himbeer-Dickmilchtorte

Elses Torte

125 g Butter,
125 Zucker,
250 g Mehl,
2 Eier,
1 Vanillezucker,
3 EL Milch,
1 Backpulver,
500 g Erdbeeren oder andere Früchte,
1/4 l Wasser oder Saft,
1 Tortenguss,
1/2 l Sahne,
Puderzucker

Aus Butter, Zucker, Mehl, Eier, Vanillezucker, Milch, Backpulver einen Rührteig herstellen und 2 Böden in einer Springform backen (225 °C ca. 15 Min.). Backtrennpapier benutzen.

Die Böden sofort aus der Form lösen und einen Boden in 12 Stücke schneiden.

Den anderen Boden mit Früchten belegen, Tortenguss nach Anweisung zubereiten, süßen und über die Früchte geben. Sahne steif schlagen und mit dem Spritzbeutel 12 große Tupfer auf die Früchte spritzen.

Die 12 Stücke des 2. Tortenbodens windmühlenartig an die Sahnetupfen stellen. Mit Puderzucker bestäuben.

Fruchtige Beerentorte

200 g Löffelbiskuit,
90 g Butter,
1 EL Himbeersirup,
800 g Beeren,
100 g Zucker,
6 Blatt weiße Gelatine,
1 Becher Schlagsahne,
1 Becher Schmand

Die Löffelbiskuit in einem Gefrierbeutel zerbröseln, mit Butter und Sirup verkneten, in einen Springform drücken und kalt stellen.

Die Beeren waschen und putzen. Die Hälfte der Beeren werden auf den Boden gegeben. Die übrigen Früchte werden püriert.

Gelatine einweichen, auflösen und unter die pürierten Früchte geben.

Wenn die Masse geliert, die steif geschlagene Sahne mit dem Schmand verrührt dazugeben und auf die Torte füllen.

Torte kalt stellen und mit Früchten und Sahne verzieren.

Himbeer Schokoladentorte

150 g Butter,
100 g Zucker,
2 Eier,
150 g Mehl,
1 EL Kakao,
10 Blatt Gelatine,
2–3 Zitronen,
2 Eier,
200 g Frischkäse,
150 g Zucker,
750 g Tiefkühl Himbeeren,
90 g Speisestärke,
150 g Zucker,
1 Vanillezucker,
3/8 l Wasser,
300 g Sahne,
1 Vanillezucker,
evtl. Zitronenmelisse

Aus Butter, Zucker, 2 Eier, 150 g Mehl und Kakao einen Rührteig herstellen und backen.

Gelatine einweichen, Zitronen abreiben, auspressen (1/2 Zitrone aufheben), mit Eigelb, Frischkäse, aufgelöster Gelatine und 150 g Zucker verrühren.

Eiweiß steif schlagen, 200 g Sahne steif schlagen, alles unter die Käsecreme heben.

Auf den Tortenboden streichen und im Kühlschrank fest werden lassen. Himbeeren (bis auf 16) mit Wasser, Speisestärke, Rest Zucker, Vanillezucker aufkochen, etwas abkühlen lassen und durch ein Sieb streichen. Tortenrand um die Torte stellen. Fruchtmasse auf die Torte geben und kalt stellen.

Rest Sahne mit Vanillezucker steif schlagen.

16 Tupfer auf die Torte spritzen und mit den restlichen Himbeeren, Zitronenecken und Zitronenmelisse verzieren.

Preiselbeerschnitten

150 g Butter,
125 g Honig,
90 g brauner Zucker,
1 Prise Salz, 3–4 Eier,
1 1/2 TL Kakao,
125 Weizenvollkornmehl,
100 g Weizenmehl (Type 405),
2 1/2 TL Backpulver,
12 Blatt Gelatine,
600 g Joghurt,
500 Preiselbeerkompott,
1 Zitrone,
1/2 l Sahne

Aus Butter, Honig, Zucker, Salz, Eier, Kakao, Mehl und Backpulver einen Rührteig herstellen, auf einem mit Backpapier auslegten Blech bei 200 °C 20 Min. backen und abkühlen lassen.

Gelatine einweichen und auflösen. Joghurt, Preiselbeerkompott, Zitronenschale und -saft dazugeben und verrühren.

Sahne steif schlagen und unter die gelierende Creme ziehen. Joghurtcreme auf dem Boden verteilen und glatt streichen.

Nach dem Festwerden in Stücke schneiden, mit Sahnetupfen und Preiselbeeren garnieren.

Oldendorfer Kirschtorte und Heidelbeer-Streuselkuchen

Oldendorfer Kirschtorte

Nussboden:
50 g Mehl,
1 Messerspitze Backpulver,
50 g Zucker,
50 g Butter,
50 g geriebene Mandeln oder Haselnüsse,

Biskuitboden:
2 Eier,
2 EL warmes Wasser,
100 g Zucker,
100 g Mehl,
1 TL Backpulver,
2 Glas Sauerkirschen (oder 500 g frische entsteinte Kirschen),
Johannisbeergelee,
2 Tortenguss (rot),
gehobelte Mandeln

Aus den Zutaten für den Nussboden einen Mürbeteig herstellen und in einer mit Backpapier ausgelegten Springform 10–15 Min. backen.

Den Biskuit mit den angegebenen Zutaten zubereiten und in einer Springform bei 200 °C 15 Min. backen.

Den Nussboden mit Rotwein oder Weinbrand beträufeln, mit Johannisbeergelee bestreichen und mit dem Biskuitboden abdecken.

Mit den abgetropften Kirschen belegen und mit Tortenguss überziehen.

Den Rand mit gerösteten Mandelblättern verzieren.

Heidelbeer-Streuselkuchen

500 g Mehl,
460 g Zucker,
2 Vanillezucker,
375 g Butter,
1 Backpulver,
3/4 l Milch,
4 EL Zucker,
2 Vanillepuddingpulver,
750 g Heidelbeeren

Aus Mehl, Zucker, Vanillezucker, Butter und Backpulver Streusel herstellen.

2/3 auf ein Backblech verteilen und andrücken.

Aus Milch, Rest Zucker und Puddingpulver einen Flammerie kochen und auf dem Teig verteilen. Heidelbeeren auf den Pudding geben.

Die restlichen Streusel darüber verteilen und bei 180 °C 40–45 Min. backen.

Champagnertorte

175 g Mehl,
1 Messerspitze Backpulver,
60 g Zucker,
1 Vanillezucker,
1 Ei,
100 g Butter,
1/8 l Sekt,
Zitronenschale,
50 g Puderzucker,
2 Eier,
6 Blatt Gelatine,
150 g Sahnejoghurt,
1 Becher Sahne,
ca. 750 g frische Früchte (z.B. Erdbeeren, Himbeeren, Kirschen usw.)
1 klarer Tortenguss,
süße gehobelte Mandeln

Aus Mehl, Backpulver, Zucker, Vanillezucker, Butter und 1 Ei einen Mürbeteig zubereiten. In einer Tortenform backen. Ca. 15 Min. bei 200 °C.

Für die Füllung Gelatine in kaltem Wasser einweichen.

Eigelbe und Puderzucker cremig schlagen.

Sekt, Zitronenschale, Joghurt zufügen und alles gut verrühren. Gelatine ausdrücken, auflösen und unter die Creme ziehen.

Sahne und Eiweiß getrennt steif schlagen.

Wenn die Creme anfängt zu gelieren, beides locker unterheben.

Um den Mürbeteigboden einen Tortenring legen und die Creme darauf verteilen.

Ca. 1 Stunde in den Kühlschrank stellen.

Dann die vorbereiteten Früchte darauf verteilen, mit Tortenguss überziehen und mit gerösteten Mandeln garnieren.

Zitronen-Joghurttorte

100 g Mehl,
75 g gemahlenen Mandeln,
100 g Butter,
50 g Zucker,
1 Vanillezucker,
1 Eigelb,

10 Blatt weiße Gelatine,
150 g Zucker,
1 Prise Salz,
450 g Vollmilchjoghurt,
2 Zitronen,
600 g Sahne,

4 Blatt rote Gelatine,
100 ml Rotwein,
200 g Johannisbeergelee

Aus Mehl, Mandeln, Butter, 50 g Zucker, Vanillezucker und Eigelb einen Mürbeteig zubereiten und in einer Springform bei 200 °C 10 Min. backen.

Gelatine einweichen und auflösen. Rest Zucker, Salz, Joghurt, Zitronenschale und -saft dazugeben und verrühren.

Sahne steif schlagen und unter die gelierende Creme ziehen. Joghurtcreme auf dem Boden verteilen (Tortenring), schön glatt streichen und kalt stellen.

Für den Guss die Gelatine einweichen, auflösen, die restlichen Zutaten erwärmen und alles verrühren.

Etwas abkühlen lassen und einen Spiegel auf die Joghurtcreme gießen.

Torte kalt stellen.

Mit Sahnetupfen und Zitronenspalten garnieren.

Quarkbrötchen

Für 4 Personen

200 g Quark,
1 Ei,
1 Prise Salz,
250 g Mehl,
1 Backpulver

Quark, Ei, Salz verrühren, Mehl und Backpulver gemischt dazu geben und verkneten.

Brötchen formen, auf ein gefettetes Backblech setzen und bei 200 °C ca. 25 Min. backen.

Pikantes zu Bier und Wein

Fladenbrot mit Gemüse und Hack

Für 4 Personen

1 Fladenbrot,
150 g Zwiebeln,
2 Knoblauchzehen,
1/2 Bd. Lauchzwiebeln,
150 g Champignons,
500 g Hackfleisch,
1 EL Öl,
500 g Tomaten,
Salz, Pfeffer, Thymian,
Rosmarin,
Kreuzkümmel,
100 g geriebenen
Schafskäse

Fladenbrot quer halbieren.

Gemüse klein schneiden, Hack anbraten, alles zusammen gut durchkochen und gut würzen.

Die Masse auf die Brothälften verteilen, mit Käse bestreuen und bei 200 °C ca. 20 Min. backen.

Hähnchen-Schinken-Pastete

Für 4 Personen

500 g Mehl,
25 g Hefe,
1/4 l lauwarme Milch,
100 g Butter,
1 Prise Salz,
4 Tomaten,
1 Zwiebel,
1 grüne Paprikaschote,
100 g roher Schinken,
300 g gegartes
Hühnerfleisch,
1 EL Öl,
Salz,
Pfeffer,
Knoblauchpulver,
1 Eigelb

Aus Mehl, Hefe, Milch, Butter und Salz einen Hefeteig zubereiten, ca. 1 Stunde gehen lassen, nochmals durchkneten und zu zwei runden Platten von 26 cm Durchmesser ausrollen.

Gemüse und Fleisch würfeln und in Öl anbraten. Zum Schluss die Tomaten zufügen, braten bis die Flüssigkeit eingekocht ist.
Mit Salz, Pfeffer und Knoblauch würzen.

Den Rand einer Hefeteigplatte mit Wasser anfeuchten, Füllung in die Mitte geben, zweite Teigplatte darüber legen, gut andrücken, mit Eigelb bestreichen.

15 Min. auf dem gefetteten Backblech gehen lassen und bei 200 °C ca. 45 Min. backen.

Kleine Gemüsetörtchen

Für 4 Personen

250 g Mehl,
1 Ei,
2 Prisen Salz,
5–6 EL Milch,
125 g Butter,
100 g Stangensellerie,
3 Frühlingszwiebeln,
2 Möhren,
kleine Brokkoli- oder Blumenkohlröschen,
200 g Greyerzerkäse,
200 g Sahne,
4 Eier,
Muskatnuss,
Pfeffer,
Salz,
Schnittlauch,
10–12 Tartelettförmchen (10 cm Durchmesser)

Aus Mehl, 1 Ei, Salz, Milch und Butter einen Mürbeteig herstellen und 30 Min. kalt stellen.

Gemüse klein schneiden, in Salzwasser 2 Min. blanchieren, abschrecken, abtropfen lassen. Greyerzer, Sahne, Eier, Muskat, Pfeffer, Salz, Schnittlauchröllchen verrühren und abschmecken.

Teig nochmals gut durchkneten und auf wenig Mehl dünn ausrollen.

Förmchen fetten, mit Teig auskleiden, Teigboden mit der Gabel mehrmals einstechen.

Gemüsebelag darauf verteilen, mit Eierguss übergießen und im vorgeheizten Backofen bei 180 °C ca. 30 Min. backen.

Vor dem Servieren 10 Min. ruhen lassen.

Käsebrot

Für 8 Personen

1 Toastbrot,
15–20 kleine Scheiben Allgäuer Emmentaler,
3 Eier,
4 EL Weißwein oder Brühe,
150 g Sahne,
1 EL gehackter Dill,
1 EL gehackte Petersilie,
Salz,
Pfeffer,
Muskatnuss

Zwischen die Brotscheiben je eine Scheibe Käse legen. Brot zusammen setzen und in eine gefettete Kastenform geben.

Die übrigen Zutaten vermischen und zu einem Guss verquirlen.

Das Brot damit übergießen und im vorgeheizten Backofen bei 200 °C ca. 20–25 Min. backen.

Käsetaschen pikant

300 g TK-Blätterteig,
150 g Schafskäse,
100 g Quark,
1–2 Eier,
1 EL Öl,
1 Prise Muskat,
2 EL gehackter Dill,
1 Eiweiß,
1 Eigelb

Blätterteig antauen, ausrollen und in 10 x 10 cm große Quadrate teilen.

Schafskäse zerbröckeln, mit Quark, 1–2 Eier, Öl, Muskat und Dill vermengen und auf die Teigplatten füllen.

Teigränder mit verquirltem Eisweiß bestreichen, Taschen zu Dreiecken zusammen klappen, mit verquirltem Eigelb bestreichen und auf Backpapier bei 225 °C ca. 15–20 Min. backen.

Sesam-Tablettbrot

Für 4 Personen – Zum Servieren von Käse und Wurst

450 g Weizen-vollkornmehl,
1 TL brauner Zucker,
3 EL geschälte Sesamkörner,
1/4 l lauwarme Buttermilch,
1 Würfel Hefe,
1 TL Salz,

Aus den Zutaten einen Hefeteig zubereiten, ca. 1 Stunde gehen lassen, nochmals durchkneten und auf ein Backblech geben und ausrollen.

Vorsichtig ein „Tablett" oder „Brett" ausschneiden. Rest Teig entfernen.

Von diesem eine Kordel drehen und um das „Tablett/Brett" legen.

Nochmals 15 Min. im Backofen gehen lassen.

Mit Milch bestreichen und mit reichlich Sesam bestreuen.

Im vorgeheizten Backofen knapp 30 Min. bei 200 °C backen.

Das „Tablett" später mit Käse oder Wurst belgen.

Messer dabeilegen, denn das Brot soll ja mitgegessen werden.

Sesam-Tablettbrot

Schinkentaschen

250 g Mehl,
3 TL Backpulver,
250 g Quark,
200 g Butter,
1 Prise Salz,
250 g Schinkenspeck,
250 g geriebener Käse,
2 Eigelb,
2 TL Dosenmilch,
1/2 TL Paprikapulver

Aus Mehl, Backpulver, Quark, Butter und Salz einen Knetteig zubereiten.

Den Teig etwa 1/2 cm dick ausrollen, mehrfach übereinanderschlagen und nach der offenen Seite wieder ausrollen.

Diesen Vorgang zweimal wiederholen, den Teig am besten über Nacht kalt stellen.

Dann den Teig dünn ausrollen.

Quadrate von 8 cm schneiden, den Teig hochbiegen und an den Kanten zusammen drücken, so dass kleine Kästchen entstehen.

Speck würfeln, mit Käse mischen und in die Taschen füllen.

Eigelb und Dosenmilch verquirlen und über die Füllung gießen, mit Paprika bestäuben und bei 225 °C ca. 15–20 Min. backen.

Kräuter-Hefeschnecken

500 g Weizenmehl (Type 550 oder 1050),
1 Würfel Hefe,
1 TL Salz,
1 TL Honig oder 30 g Zucker,
50 g Butter,
1/4 l lauwarme Milch,
2 Zwiebeln,
je 2 Bund Petersilie, Schnittlauch, Kerbel,
200 g Frischkäse,
2 Knoblauchzehen

Aus Mehl, Hefe, Salz, Honig, Butter und Milch einen Hefeteig zubereiten, ca. 1 Stunde gehen lassen, nochmals durchkneten und zu einem Rechteck ausrollen.

Zwiebeln und Kräuter hacken, Knoblauch zerdrücken, alles mit dem Frischkäse vermengen und auf den Teig streichen, einrollen, ca. 1 cm dicke Scheiben abschneiden und zu Schnecken formen.

Auf einen Backblech setzen, mit Milch bestreichen, gehen lassen und backen.

200 °C ca. 20–25 Min.

Getränke

Ananascocktail-Longdrink

9 Gläser

1 1/2 Tassen Zucker,
4 Tassen Wasser,
1 Tasse Orangensaft,
1 kleine Dose Ananasstücke mit Saft,
2 Zitronensaft,
1/2 Flasche Whisky

Den Zucker in Wasser auflösen, alle anderen Zutaten dazugeben und in Blöckchen einfrieren.

Vor dem Servieren, die Eismasse in Gläser geben und mit Zitronensprudel oder nach Geschmack auffüllen. Mit Strohhalm servieren.

Baileys „Greek Connection"

Für 1 Person

2 cl Baileys,
2 cl Metaxa,
1 cl Orangenlikör,
10 cl Milch

Alle Zutaten mit Eis in einem Shaker mixen, in ein Cocktailglas abseihen und evtl. mit einer Erdbeere dekorieren.

Baileys Coffee

Für 1 Person

4 cl Baileys,
Kaffee,
Sahne,
Schokoflocken

Baileys mit Kaffee auffüllen und mit einer Schlagsahnehaube versehen.

Mit Schokoflocken dekorieren und evtl. eine Kugel Vanilleeis dazugeben.

Fruchtiger Eistee

Café Rio-Longdrink

Für 4 Personen

500 g Vanilleeis,
2 EL Zucker,
1/2 l kaltes Wasser,
8 TL Pulverkaffee,
4 EL Mokkalikör,
125 g Schlagsahne

Alle Zutaten bis auf die Schlagsahne in einen Mixbecher geben und mischen.

Café Rio in Gläser füllen und mit geschlagener Sahne bedecken.

Sofort mit Trinkhalm servieren.

Coconut-Milk

Für 4 Personen

4 cl Kokosnuss-Likör (Coco Tara oder Batida de Coco knapp 2 cl),
2 cl Maracuja-Sirup,
1 cl Zitronensaft,
400 ml Vollmilch

Alle Zutaten vermixen.

Fruchtiger Eistee

Für 4 Personen

1/4 l starker Assam-Tee,
1/4 l schwarzer Johannisbeersaft,
2 EL Zitronensaft,
Zucker nach Geschmack,
1 Flasche Zitronenlimonade,
4 Zitronenscheiben,
Eiswürfel

Schwarzen Tee mit Johannisbeersaft mischen, mit Zitronensaft und Zucker abschmecken und im Kühlschrank gut durchkühlen lassen.

Kurz vor dem Servieren einige Eiswürfel und die Limonade hinzugeben.

In Gläser verteilen und eine Zitronenscheibe an den Glasrand stecken.

Liebestraum

Für 4 Personen

100 ml Apfelkorn, 200 ml Vollmilch, 1 Kugel Vanilleeis, evtl. 1 Schuss Schlagsahne	Alle Zutaten vermixen, in „gelb“ garniert servieren.

Lustige Witwe Cocktail

Für 4 Personen

100 ml Apricot Brandy, 200 ml Vollmilch, 1 Kugel Vanilleeis, evtl. etwas Schlagsahne	Alle Zutaten vermixen.

Melonenbowle

Für 4 Personen

1 große Melone, 1/2 l süßen Portwein, 3 Zitronen, 4 Flaschen Sekt, 4 Flaschen weißen Traubensaft oder Wein	Melone in Stücke schneiden, Kerne entfernen, mit Portwein und Zitronensaft ansetzen. 2–3 Stunden ziehen lassen. Dann mit Sekt und Saft auffüllen.

Sommererfrischung

Für 4 Personen – Foto siehe Seite 97

1 l kalter Hibiskustee, 0,5 l Orangensaft, 1 Honigmelone	Tee und Saft mischen, aus Melone Kugeln ausstechen und dazugeben. Bowle eiskalt servieren.

Mokka-Likör „Sahnetraum"

Für 4 Personen

4 Eier,
1 EL Zucker,
2 TL Instant-Kaffeepulver,
1 Vanillezucker,
2 EL Schokoladensoße oder 2 TL Kakao,
1/4 l Whiskey oder Weinbrand,
1/4 l Schlagsahne,
175 g Kondensmilch

Alle Zutaten kräftig mixen und kühl servieren.

Nordseewellen

Für 4 Personen

3 Kugeln Vanilleeis,
5 ml Curacao blau,
300 ml Buttermilch

Alle Zutaten vermixen.

Pfirsich-Orangendrink mit Muskat

1 Glas

150 ml Orangensaft,
100 ml Pfirsich-Nektar,
1 EL Zitonensaft,
1 EL Mango-Sirup,
etwas geriebene Muskatnuss,
1 Kumquat oder Pfirsichspalte

Orangen-, Pfirsich- und Zitronensaft sowie den Mango-Sirup mit 2 Eiswürfeln in einen Shaker geben und gut schütteln. Mit Muskatnusss bestreuen.

Früchte halbieren oder in Scheiben schneiden und den Drink damit garniern.

Raum für eigene Notizen:

Kürbisgulasch

Herbst

Von September bis Dezember bestimmt der Herbst unser Land und Leben.

Mit reicher Fülle decken Gärten und Felder uns den Tisch. Äpfel, Birnen, Kartoffeln, Kürbis, Porree, Zwiebeln, Kohl und Möhren bieten sich zu köstlichen Variationen an.

Kaufen sie sich einen Kürbis, so groß wie ein Fußball – dieser reicht für unendlich viele köstliche Ideen; bereiten sie davon eine Marmelade mit Äpfeln, backen Sie einen goldgelben Frühstücksstuten oder einen saftigen Nusskuchen, kochen eine leckere Suppe mit einer Einlage von Krabben oder Schinken, zaubern ein pikantes Gulasch von Rindfleisch und Sauerkraut und kreieren einen phantastischen Nachtisch.

Mit einem Kürbis entdecken Sie völlig neue Möglichkeiten für Ihren Speiseplan.

Wir Landfrauen haben in unseren Vereinen viele Rezepte ausprobiert. Die Zeiten, in denen der Kürbis süßsauer in vielen Gläsern in der Vorratskammer stand, sind vorbei. Vielseitigkeit und Abwechslung sind angesagt: Blättern Sie die Herbstrezepte durch und bekommen Sie Appetit auch auf unsere leckeren Kartoffel-, Apfel- und Porreerezepte.

Genießen Sie ein Stück pikanten Zwiebelkuchen bei einem Glas Wein oder Federweißer und stimmen Sie sich auf diese Jahreszeit ein.

Renate Kühlcke-Schmoldt

Suppen und Vorspeisen

Bohnensuppe hopp-hopp

Für 6 Personen – Kräftige Partysuppe

500 g Hackfleisch,
2 große Zwiebeln,
2 Tassen Wasser,
2 Dosen weiße Bohnen (850 ml),
1 große Dose Tomatenmark,
1 Dose „feuriger Texastopf" o. a.,
Salz,
Pfeffer,
Basilikum,
Oregano,
1/2 Becher Schmand,
Petersilie

Hackfleisch anbraten, die Zwiebel in Würfel dazugeben und kurz mitschmoren.

Mit 2 Tassen Wasser ablöschen. Bohnen, Tomatenmark, Texastopf, Gemüse zufügen und aufkochen.

Mit Schmand verfeinern, abschmecken und mit frischer gehackter Petersilie servieren.

Feine Lauchcremesuppe

Für 4 Personen

300 g Porree,
30 g Butter,
30 g Mehl,
1/4 l Milch,
1/4 l Sahne,
1/2 l Brühe,
Salz,
Pfeffer,
Muskat,
2 Scheiben Toastbrot

Porree putzen, waschen, in Ringe schneiden.

Butter schmelzen, Porree darin andünsten, mit Mehl bestäuben und Milch, Sahne und Brühe angießen.

Gut verrühren, evtl. mit Schneidestab zerkleinern, 15 Min. kochen lassen und mit den Gewürzen abschmecken.

Toastbrot in kleine Würfel schneiden und in der Pfanne in wenig Fett rösten.

Kurz vor dem Servieren in die Suppe geben.

Kürbiscremesuppe

Für 8 Personen – originelle Partyidee

1 großer Kürbis,
1 Gemüsezwiebel,
1 Knoblauchzehe,
1 walnussgroßes Stück Ingwerwurzel,
4 EL Öl,
2 EL Zucker,
1/2 l trockener Weißwein,
1/2 l klare Brühe (instant),
1/4 l Schlagsahne,
Salz,
Pfeffer,
Cayennepfeffer,
Muskatnuss,
2 Stangen Lauch,
2 EL Butter,
2 EL gehackte Petersilie

Vom Kürbis einen Deckel abschneiden. Die Kerne und Fasern entfernen. Das Fruchtfleisch aus dem Deckel und aus dem Unterteil herausschneiden, dabei in der „Terrine“ eine Randschicht stehen lassen.

1,5 kg Kürbisfleisch in große Stücke schneiden, den Rest anderweitig verwenden.

Zwiebel, Knoblauch und Ingwer schälen, würfeln und in einem hohen Topf im erhitzten Öl andünsten.

Zucker darüber streuen und bei starker Hitze karamellisieren lassen.

Wein sowie Brühe angießen, Kürbis zugeben und zugedeckt 30–40 Minuten weich garen.

Sahne zugießen, alles pürieren und aufkochen.

Mit Salz, Cayennepfeffer und Muskat abschmecken.

Lauch putzen, waschen und in Ringe schneiden.

Butter erhitzen, Lauch darin andünsten und in die Suppe geben.

Die Suppe im ausgehöhlten Kürbis anrichten und mit Petersilie bestreuen.

Feuersuppe von der Geest

Für 4 Personen – leckere Partysuppe – zum Sattessen

30 g Margarine,
50 g durchwachsener Speck,
375 g Kasseler,
3 große Zwiebeln,
2 grüne Paprikaschoten,
1 kl. Dose Tomatenmark,
3/4 l Brühe,
1 Dose Mais,
Salz,
Cayennepfeffer,
Chilipulver,
1–2 TL Mondamin

Speck in feine Würfel schneiden und in der Margarine anbraten. Kasseler Fleisch in Streifen schneiden, mit anschmoren. Die Zwiebel in Ringe schneiden und auch anbraten.

Brühe zufügen, mit Gewürzen und Tomatenmark ca. 15 Min köcheln.

Unterdessen Paprika in Streifen schneiden und gegen Ende der Garzeit zugeben, 5 Min. mitgaren.

Zum Schluss den Mais in die Suppe geben.

Sehr kräftig abschmecken, evtl. mit 1–2 TL Mondamin anbinden.

Kartoffelsuppe

Für 4 Personen – Kräftiges Mittagsgericht

1 kg Kartoffeln,
1,5 l Fleischbrühe,
100 g durchwachsenen Speck,
1 große Zwiebel,
1/2 B. saure Sahne,
Salz,
Majoran,
Muskat,
4 Rindswürstchen oder 300 g (fertiggegartes oder Bratenrest) Rindfleisch in feinen Streifen,
1 Bund Schnittlauch

Kartoffeln schälen und in Würfel schneiden. In der Brühe ca. 20 Min. nicht zu weich kochen.

Die Hälfte der Kartoffelwürfel mit dem Schaumlöffel herausnehmen. Die restlichen mit der Brühe durch ein Sieb streichen oder im Mixbecher pürieren.

Speck und Zwiebel fein würfeln und glasig dünsten. Zusammen mit dem Schmand zu der Suppe geben und gut durchrühren.

Gewürze mit den restlichen Kartoffelwürfeln und Würstchen oder Fleisch in die Suppe geben.

10 Min ziehen lassen.

Schnittlauch fein hacken und kurz vor dem Servieren darüberstreuen.

Kürbis-Zucchinisuppe

Für 4 Personen

1 EL Butterschmalz,
1 Staudensellerie,
1 Zwiebel,
1 Knoblauchzehe,
1 Kartoffel,
300 g Kürbisfleisch,
1 mittlere Zucchini,
1/2 grüne Paprikaschote,
1 l Gemüsebrühe,
1 rote Pfefferschote,
1 EL Akazienhonig,
1 Prise Muskat,
Kräutersalz,
Paprika

Das Gemüse würfeln und in Butterschmalz andünsten, mit Gemüsebrühe ablöschen.

Pfefferschote zufügen und 15 Min. köcheln lassen, Pfefferschote entnehmen.

Das Gemüse pürieren und die Suppe mit Honig, Muskat, Salz, Paprika abschmecken.

Zucchini-Cremesuppe

Für 4 Personen

500 g Zucchini,
30 g Butter,
1 Zwiebel,
1 Bund Suppengrün,
3/4 l Gemüsebrühe,
1/8 l Sahne,
gehackte Petersilie

Zucchini waschen, schälen, halbieren, in große Stücke schneiden.

Zwiebel würfeln, Suppengrün säubern und zusammenbinden.

Butter erhitzen, Zwiebel darin glasig dünsten, Zucchinistücke dazugeben und andünsten.

Mit Gemüsebrühe auffüllen, Suppengrün dazugeben, ca. 15 Minuten garen, Suppengrün herausnehmen, Rest pürieren.

Sahne unterrühren, mit Salz und Pfeffer abschmecken. Petersilie darüber streuen.

Evtl. mit feinen Streifen Kochschinken oder Lachsstreifen servieren.

Kürbis-Sahnesuppe

Für 4 Personen

1 kleiner Kürbis (ca. 700 g),
1 kleine Zwiebel,
3 EL Butter,
1/2 l Rinderbrühe,
Salz,
weißer Pfeffer,
1/2 TL gemahlener Kümmel,
1 Knoblauchzehe,
1/2 Bund Dill,
1 EL getrocknete Kürbiskerne,
125 g Sahne,
einige Tropfen Kürbiskernöl

Kürbis vierteln, schälen, von den Kernen befreien, in kleine Würfel schneiden, Zwiebel fein hacken, Butter erhitzen, Zwiebelstückchen darin glasig braten, Kürbiswürfel kurz mitbraten und mit Rinderbrühe aufgießen. Mit Salz, Pfeffer und Kümmel würzen.

Gepresste Knoblauchzehe dazugeben, Kürbisstücke ca. 15 Min. köcheln lassen. 1 EL Butter erhitzen, Kürbiskerne darin anrösten, leicht salzen.

Die Kürbissuppe im Mixer pürieren, dabei die Sahne zufügen.

Die Suppe mit Kürbiskernöl beträufeln, umrühren.

Geröstete Kürbiskerne und Dillspitzen über die Suppe streuen.

Als Einlage evtl. gekochter Schinken in Streifen geschnitten, Lachsstreifen oder Krabben.

Kürbissahnesuppe mit verschiedenen Einlagen

Sellerie Suppe „Sigrid“

Für 4 Personen

1 kleine Sellerieknolle (300 g),
Saft 1/2 Zitrone,
2 Möhren,
1 Zwiebel (40 g),
40 g Butter,
1 Brühe,
1 B. Sahne,
Salz,
weißer Pfeffer,
Muskatnuss,
100 g roher Schinken,
50 g Schmand,
Selleriegrün

Sellerie schälen, waschen, in Würfel schneiden und mit Zitronensaft begießen, damit er nicht braun wird.

Möhren schälen und in Stücke schneiden.

Zwiebel würfeln und in Butter glasig dünsten.

Gemüse dazugeben.

Mit Brühe auffüllen und 20–30 Min. garen lassen. In der Zwischenzeit den Schinken fein würfeln und in etwas Butter in einer kleinen Pfanne ca. 5 Min. braten.

Die Suppe pürieren, mit Sahne verfeinern und den Gewürzen abschmecken.

Pro Tasse mit einem TL Schmand, Schinkenwürfeln und gehacktem Selleriegrün servieren.

Tipp: Im Sommer getrocknetes Selleriegrün fein zerstoßen kann das ganze Jahr durch verwendet werden.

Hauptgerichte

Chinakohl mit Tomaten

Für 2 Personen

1 Kopf Chinakohl (ca. 500 g),
4 Zwiebeln,
2 Knoblauchzehen,
4–5 Tomaten,
30 g Butter,
1/8 l Sahne,
gekörnte Brühe,
Kräutersalz,
Cayennepfeffer,
geriebener Käse

Den Chinakohl klein schneiden, die Zwiebel würfeln, Knoblauch fein hacken und die Tomaten vierteln.

Zuerst Zwiebel und Knoblauch in der Butter andünsten, dann das übrige Gemüse zugeben und 10 Min. schmoren.

Mit Sahne und Gewürzen verfeinern und abschmecken. Das Gericht auf dem Teller mit geriebenem Käse bestreuen. Vollkornreis als Beilage.

Damwild-Braten

Für 6 Personen

1 Damwild-Keule oder ca. 1,2 kg Rücken,
1/2 l Rotwein,
2/3 l Wasser,
etwas Essig,
Salz,
Pfeffer,
Wildgewürz,
1 Möhre,
Suppengemüse,
2 Zwiebeln,
1 Knoblauchzehe,
5-6 dünne Scheiben Kassler Bauch,
saure Sahne

Das Fleisch enthäuten, aus Rotwein, Wasser und Essig eine Beize herstellen, das Fleisch 24 Stunden einlegen, dann trocken tupfen, mit Salz und Pfeffer einreiben und mit Wildgewürz bestreut in einen Bratentopf geben.

Die Möhre, das Suppengrün, die Zwiebel und Knoblauchzehe zerkleinert zufügen.

Die Kasslerscheiben auf das Fleisch legen. Mit Alufolie abdecken.

200 °C 3 Stunden im Backofen, zwischendurch begießen. Die Soße mit Wasser ablöschen, durch ein Sieb gießen und andicken. Mit Rotwein und saurer Sahne abschmecken.

Mit Birnen und Preiselbeeren garniert servieren.

Gefüllter Kürbis, Kürbis Chutney, Kürbis-Möhrenrohkost

Gefüllter Kürbis

Für 4 Personen

1 Bischofsmütze (Kürbis),
500 g Hack,
2 Zwiebeln,
Salz,
Pfeffer,
Paprika,
Zimt,
1 Tasse Reis,
1/4 l Brühe

Vom Kürbis den Deckel (ca. 20 cm Durchmesser) abschneiden, aushöhlen, dabei das Fruchtfleisch stehenlassen, den Kürbis auswaschen. Hack scharf anbraten, Zwiebeln würfeln und mitbraten. Gewürze, Reis und Brühe dazugeben und 10 Min. köcheln lassen.

Die Hackfleischfüllung in den Kürbis füllen und 1,5 Stunden bei 160 °C im Backofen garen.

Mit Mango- oder Kürbis-Chutney oder einer scharfen Soße servieren.

Kürbis wie eine Torte aufschneiden.

Katrins Chinapfanne

Für 4 Personen

500 g Hähnchenfilet,
5 EL Sojasoße,
Ingwerpulver,
400 g Möhren,
100 g Lauchzwiebeln,
200 g Porree,
150 g Bohnenkeimlinge,
100 g Bambussprossen,
2 EL Öl,
250 ml Hühnerbrühe,
Salz,
Zucker,
Sojasoße,
Sambal Oelek

Hähnchenfilet oder Schweineschnitzel schnetzeln, in Sojasoße mit etwas Ingwerpulver marinieren.

Gemüse putzen und in sehr feine Streifen schneiden. Fleisch in heißem Öl anbraten, Gemüse dazugeben, mit Brühe ablöschen, abschmecken und 5–10 Min. dünsten.

Als Beilage kann Reis gegeben werden.

Fetapfanne

Für 4 Personen

200 g Paprika,
200 g Champignons,
200 g Zucchini,
200 g Tomaten,
1–2 Zwiebeln,
100 g Oliven grün oder schwarz,
500 g Feta,
6 EL Olivenöl,
2 Knoblauchzehen,
Kräuter der Provence,
Salz,
Pfeffer

Das Gemüse waschen, putzen, in Stücke oder Streifen schneiden. Feta in die Mitte einer Fettpfanne legen, mit 2 EL Olivenöl beträufeln und mit Kräuter der Provence bestreuen.

10 Min. bei 200 °C vorbacken.

Danach das vorbereitete Gemüse in die Pfanne um den Käse geben, 4 EL Öl darüber verteilen, mit Kräutern bestreuen, mit Knoblauch, wenig Salz und Pfeffer würzen und bissfest garen.

ca. 20-30 Min. bei 200 °C

Tipp: Gemüse nach Belieben variieren. Schmeckt auch kalt gut. Dazu Fladen- oder Stangenbrot reichen.

Fischauflauf mit Brokkoli

Für 1 Person – In der Mikrowelle

150 g Fischfilet,
1/2 TL Senf,
1 EL Öl,
1 TL Worcestersoße,
1 kleine Zwiebel,
Salz,
Pfeffer,
150 g Brokkoli,
1 Tomate,
1 Ei,
3 EL Sahne,
Petersilie,
1 EL Semmelmehl,
2 EL geriebener Käse

Den gesäuberten, gesäuerten Fisch mit Senf bestreichen und in eine längliche Form legen. Öl, Worcestersoße, fein gewürfelte Zwiebel, Pfeffer und Salz verrühren, über den Fisch gießen und 30 Min. marinieren.

Den gewaschenen, in Röschen zerteilten Brokkoli mit Tropfwasser in einer geschlossenen Form garen (Mikrowelle 700 W / 3 Min.)

Die Tomate in Scheiben schneiden, auf den Fisch legen, ebenfalls den gegarten Brokkoli. Ei mit Sahne, Salz, Pfeffer und gehackter Petersilie verquirlen und über den Fisch gießen.

Mit Semmelmehl und Käse bestreuen und garen. (Mikrowelle 700 W und Grill / 7 Min.)

Hack-Porreepfanne

Für 4 Personen

500 g gemischtes Hack,
30 g Fett,
Salz,
Pfeffer,
Muskat,
Paprika,
100 g Sahne,
4 EL Ketchup,
500 g Porree,
100 g Gouda

Das Hackfleisch in der Pfanne kräftig anbraten und gut würzen. Sahne und Ketchup dazugeben.

Den geputzten Porree in Ringe schneiden und auf das Hackfleisch geben. 10 Min. bei schwacher Hitze schmoren.

Den Käse in Streifen oder Raspeln zum Schluss auf das Gemüse legen und kurz bei geschlossener Pfanne schmelzen lassen.

Lecker zu Nudeln!

Hähnchen-Gemüsepfanne

Für 4 Personen

500 g Hähnchenfilet oder Schnitzelfleisch,
2 EL Öl,
750 g Pfannengemüse mexikanisch,
1 Dose Pizza-Tomaten oder frische Tomaten,
2 EL Schmand,
Pfeffer,
Chili,
Kräuter,
Petersilie,
Schnittlauch

Das Hähnchenfleisch in Streifen schneiden, Öl in der Pfanne erhitzen, Fleisch darin anbraten und aus der Pfanne nehmen.

Das Gemüse in die heiße Pfanne geben und fast gar dünsten. Fleisch zugeben und würzen.

Tomaten und Schmand beigeben, alles fertig garen. Kräftig abschmecken und mit frischen gehackten Kräutern servieren.

Zu Nudeln oder Reis reichen.

Kartoffel-Hackauflauf

Für 6 Personen

1 kg gekochte Kartoffeln,
1 große Zwiebel,
1 kg Hack,
250 g Porree,
3 Paprika (rot und gelb),
1 P. helle Soße (Maggi),
1 B. Sahne,
Käse

Kartoffeln in Scheiben schneiden, die Hälfte in eine Auflaufform schichten. Hack und Zwiebel anbraten, mit Salz, Pfeffer und Paprika würzen und auf die Kartoffeln geben.

Den Porree andünsten, mit Salz und Fondor würzen, den geschnittenen Paprika kurz mitdünsten, auf dem Hack verteilen.

Die restlichen Kartoffeln darauf geben. Helle Soße mit Milch zubereiten, mit der Sahne verrühren, mit Salz, Pfeffer, Paprika abschmecken und über die Kartoffeln geben.
Käse würfeln und auf dem Auflauf verteilen.

Backzeit ca. 1 Stunde bei 180 °C.

Kartoffel-Lauchauflauf

Für 4 Personen

200 g Edelpilzkäse,
200 g Crème fraîche,
gemahlener weißer Pfeffer,
750 g Lauch,
750 g mehligkochende Kartoffeln,
Salz,
Butter für die Form

Eine Auflaufform mit Butter ausstreichen. Den Käse mit einer Gabel zerdrücken, mit Crème fraîche verrühren und alles mit Pfeffer abschmecken.

Den gewaschenen Lauch der Länge nach halbieren und in feine Streifen schneiden.

Die Kartoffeln schälen und in dünne Scheiben schneiden und dachziegelartig in die vorbereitete Form schichten, dabei mit Salz und Pfeffer bestreuen. Die Lauchringe darüber streuen und ebenfalls salzen und pfeffern. Die Käsecreme darüber verstreichen.

Den Auflauf auf der mittleren Schiene im vorgeheizten Backofen auf 190 °C Umluft etwa 45 Min. backen bis die Oberfläche goldbraun ist.

Kartoffel-Möhrenauflauf

Für 6 Personen

700 g festkochende Kartoffeln,
400 g Möhren,
2 Zwiebeln,
300 g frische Champignons,
300 g Schnitzelfleisch,
20 g Butter,
weißer Pfeffer,
Salz,
200 g dänischer Blauschimmelkäse,
1/4 l Sahne,
6 Eigelb,
1/2 TL Majoran

Die Kartoffeln in der Schale kochen, abziehen und in Scheiben schneiden.

Die Möhren in Scheiben, die Zwiebeln in Würfel schneiden.

Die Pilze vierteln.

Das Fleisch schnetzeln.

Butter in einer Pfanne zerlassen, das Fleisch kurz von allen Seiten anbraten. Die Zwiebeln dazugeben und goldgelb dünsten. Dann die Champignons mitbraten, oft wenden, mit Salz und Pfeffer würzen.

Die Möhren in wenig Fett und Wasser etwa 15 Min. dünsten, etwas salzen.

Die Kartoffeln, das Fleisch und das Gemüse in eine gefettete Auflaufform füllen.

Für die Soße 100 g Blauschimmelkäse, Sahne und Eigelb cremig rühren.

Mit Salz, Pfeffer, Majoran abschmecken und über den Auflauf gießen.

Den restlichen Käse in Stückchen und Butterflöckchen darüber verteilen.

Im Backofen bei 175 °C etwa 30–35 Min. backen.

Kürbis-Geflügelpfanne

Für 4 Personen

500 g Kürbisfleisch,
4 Kolben Chicoree,
400 g Hähnchenbrust,
2 EL Öl,
Salz,
1/2 TL gekörnte Brühe,
300 ml Sahne,
5 EL scharfer Senf

Kürbis- und Hähnchenfleisch würfeln, Chicoree waschen, den Strunk herausschneiden und die Blätter in Streifen schneiden.

Das Öl erhitzen und die Kürbiswürfel darin anbraten. Zur Seite schieben und das Hähnchenfleisch goldbraun anbraten.

Mit Salz und gekörnter Brühe würzen.

Dann den Chicoree zufügen und 1 Minute mitbraten.

Sahne mit Senf verrühren und unterheben. Unter Rühren aufkochen und sofort servieren.

Hokkaidakürbis ist sehr gut geeignet.

Dieses Gericht kann auch im Wok zubereitet werden.

Porreeauflauf

Für 4 Personen

5-6 Stangen Porree,
3/8 l Wasser,
1 TL Salz,
5–6 Scheiben Kochschinken,
30 g Butter,
40 g Mehl,
1/4 l Milch,
1/4 l Porreebrühe,
100 g ger. Käse,
2 EL Paniermehl,
50 g Butterflocken

Porree putzen, waschen, in fingerlange Stücke schneiden, in Salzwasser 15 Min. garen, abtropfen lassen, mit Kochschinken umhüllen und in eine gefettete Auflaufform legen.

Aus den übrigen Zutaten eine helle Mehlschwitze zubereiten, den Käse unterrühren und über den Porree geben.

Mit Paniermehl bestreuen und mit Butterflocken belegen.

Backen bei 200 °C 25–30 Min.

Kürbis-Geflügelpfanne

Kürbisquiche

Für 4–6 Personen

100 g Butter,
200 g Mehl,
3 EL Wasser,
Salz,
1 dünne Stange Lauch,
1–2 Knoblauchzehen,
1–2 grüne Pfefferschoten,
ca. 1 kg Kürbisfleisch,
1 EL Zitronensaft,
2 Eier,
150 g Sahne,
100 g frisch geriebener Parmesan

Die Butter mit dem Mehl, einer kräftigen Prise Salz und etwa 3 EL kaltem Wasser zu einen glatten Teig verkneten.

Eine Form von 28 cm Durchmesser damit auskleiden, dabei einen Rand von 1 cm hochziehen. Kühl stellen.

Den Lauch putzen, in feine Ringe schneiden, den Knoblauch fein hacken.

Die Pfefferschoten halbieren, von den Kernen und Trennwand befreien und in feine Streifen schneiden.

Das Kürbisfleisch grob raspeln oder fein würfeln. Mit Pfefferschoten, Knoblauch, Lauch und Zitronensaft mischen und mit Salz abschmecken.

Den Backofen auf 200 °C vorheizen; Eier mit Sahne und Käse verrühren und mit wenig Salz abschmecken. Die Kürbismischung auf dem Teig verteilen.

Die Eiersahne darüber gießen. Die Quiche im heißen Ofen in etwas 45 Min. backen bis sie schön gebräunt ist.

Kürbisgulasch

Für 4 Personen (Foto siehe Seite 136)

1 kg Kürbisfleisch,
1 Gemüsezwiebel,
2 EL Öl,
1 kg Rindergulasch,
Salz,
Pfeffer,
1 Dose Sauerkraut (770 g),
2 TL gekörnte Brühe,
1 Becher saure Sahne

Öl erhitzen und das Fleisch darin kräftig anbraten, salzen, pfeffern, Zwiebelwürfel zufügen, gut anbräunen, 1/4 l Brühe zugeben und 1 Stunde zugedeckt schmoren.

Die Dose Sauerkraut zufügen, 15. Min mitschmoren.

5 Min. vor Ende der Garzeit den gewürfelten Kürbis zufügen, abschmecken, Sahne einrühren.

Papri-Kartoffelauflauf

Für 4 Personen

1 kg Kartoffeln,
Salz,
Pfeffer,
250 g Tomaten,
3 Paprikaschoten,
200 g Raspelkäse,
1/4 l Sahne,
2 EL Butter

Die Kartoffeln schälen, in Scheiben schneiden, mit Salz und Pfeffer würzen und die Hälfte in eine Auflaufform füllen.

Die Tomaten in Scheiben schneiden, Paprika putzen, in feine Streifen schneiden und zusammen mit den Tomaten über die Kartoffeln geben.

Käse bis auf einen Rest überstreuen.

Die restlichen Kartoffeln darüber verteilen, Sahne erhitzen und übergießen, mit Butterflöckchen belegen und mit Käse bestreuen.

225 °C 60 Min.

Rindfleisch in Zigeunersoße

Für 4 Personen

1 kg Rindersteak,
Kräuterbutter,
1 Glas Pilze,
2 Zwiebeln,
1 Flasche Zigeunersoße,
1 Becher Sahne,
Pfeffer,
Salz

4 dicke Scheiben Fleisch in eine Auflaufform geben.

Zwiebeln anbraten, Pilze dazu geben, mit Zigeunersoße und Sahne löschen.

Die Soße über das Fleisch füllen.
45 Min. bei 225 °C im Backofen garen.

Dazu reicht man Reis und Salat.

Sauerkrautauflauf mit Kassler

Für 4 Personen

500 g Kassler Bauch, 1 rote und 1 grüne Paprika, 750 g Sauerkraut, 1/4 l Wasser, 2 Lorbeerblätter, 2 EL Paprikapulver edelsüß, Salz, Pfeffer, Zucker, 1/2 Tasse Reis, 1 Tasse Wasser, 1 Zwiebel	Bauch und Paprika würfeln und andünsten. Sauerkraut, Wasser und Gewürze zugeben und gar dünsten. Reis mit etwas Salz und der gehackten Zwiebel gar quellen lassen. Die Hälfte des Sauerkrautgemisches in eine Auflaufform geben, dann den Reis darauf und wieder Sauerkraut. 2 Becher Sahne mit 4 EL Milch verrühren und über den Auflauf gießen. Bei 250 °C im Backofen überbacken.

Schweinefilet auf Brokkoli

Für 2 Personen

2 Schweinefilets à 200 g, 3 EL Rapsöl, Salz, Pfeffer, Muskatnuss, 50 ml Weinbrand, 500 g Brokkoli, 100 geriebener Käse, 200 ml Milch, 1 EL heller Soßenbinder	Filets in heißem Öl braun anbraten, mit Salz und Pfeffer würzen und mit Weinbrand und 200 ml Wasser ablöschen. Zugedeckt ca. 15 Min. schmoren. Brokkoli in Röschen teilen, in Salzwasser garen, dann in eine Auflaufform füllen. Das Fleisch in Scheiben schneiden und auf das Gemüse legen. Den Bratensatz mit 100 ml Wasser und Milch lösen, aufkochen und mit Soßenbinder leicht andicken. Die Hälfte des Käses darin schmelzen, mit den Gewürzen abschmecken. Die Käsesoße über Gemüse und Fleisch geben und mit dem restlichen Käse bestreut im Backofen bei 200 °C ca. 4 Min. überbacken. Dazu schmeckt frisches Baguette oder Reis.

Überbackenes Schweinefilet

Für 4 Personen

400 g Gemüse-zwiebeln,
250 g Champignons,
20 g Fett,
200 g Crème fraîche,
200 g Sahne,
1/2 TL Paprikapulver,
Salz,
Pfeffer,
1 EL Weinessig,
1 EL Soßenbinder,
600 g Schweinefilet,
2–3 EL körniger Senf,
4 Scheiben gekochter Schinken,
100 g Gouda (mittelalt)

Zwiebeln schälen und in Ringe schneiden. Champignons putzen und in Scheiben schneiden.

Fett im Topf erhitzen und Gemüse darin 8 Min. dünsten. Crème fraîche und Sahne unter das Gemüse rühren und mit den Gewürzen kräftig abschmecken.

Schweinefilet in 2 cm dicke Scheiben schneiden und mit Senf bestreichen.

Schinkenscheiben vierteln und in eine flache Auflaufform geben.

Auf jedes Scheibenviertel ein Stück Filet setzen. Die Gemüsemasse darüber verteilen.

Mit geriebenem Käse bestreuen.

In den kalten Backofen setzen und überbacken. 180 –200 °C ca. 50 Min.

Wirsinggemüse mit Paprika

Für 4 Personen

1 mittelgroßer Wirsing,
4 rote Paprika,
600 g gemischtes Hackfleisch,
3 Zwiebeln,
Salz,
Pfeffer,
3 Nelken,
1 Lorbeerblatt,
1 Ei,
1 Brötchen,
50 g Butter,
1/2 l Brühe

Wirsing und Paprika klein schneiden, 2 Zwiebeln hacken, alles in Butter andünsten, mit Salz und Pfeffer würzen und mit Brühe ablöschen.

Nelken und Lorbeerblatt dazugeben und bei mittlerer Hitze ca. 40–60 Min. schmoren.

Aus Hackfleisch, Ei, Brötchen, 1 Zwiebel, Salz und Pfeffer einen Hackteig herstellen, Klöße formen und im Kohl ca. 20 Min. garen.

Salzkartoffeln dazu reichen.

Wirsing-Lasagne

Für 6 Personen

1 kg Kartoffeln,
1 TL Kümmel,

1 Wirsing oder
Weißkohl (mittelgroß),

100 g durchwachsener
Speck,
1 1/2 EL Mehl,
3/4 l Milch,

700 g Schweinemett,
2 Zwiebeln,
50 g Schmalz oder
Margarine,
1 kleine Dose
Tomatenmark,
1 TL Oregano,
1 Knoblauchzehe,
Salz,
Pfeffer,
etwas Brühe,
Fett für die Form

Die Kartoffeln waschen und in der Schale mit dem Kümmel kochen.

Die Kohlblätter in kochendem Wasser 10–15 Min. garen und zum Abtropfen auf ein Sieb geben.

Speckwürfel ausbraten, Mehl hinzufügen und mit Milch ablöschen. Soße zur Seite stellen.

Zwiebeln klein schneiden und in Fett glasig dünsten, Mett zufügen und schmoren lassen.

Tomatenmark, Gewürze, Salz und die gepresste Knoblauchzehe darunter rühren.

1/4 l Wasser und gekörnte Brühe zugeben und einkochen lassen.

Die in Scheiben geschnittenen Kartoffeln, Kohlblätter, Mettmasse und die weiße Soße abwechselnd in die Auflaufform füllen und zwar 1/2 Soße, 1/2 Kartoffeln, 1/2 Mett, 1/2 Kohl usw.

Die letzte Schicht mit Gemüseblättern abdecken, mit Butterflöckchen und dünnen Scheiben durchwaschenen Speck belegen.

Bei 200 °C 30 Min. im Backofen abbacken.

Zucchiniauflauf „Hanna“

Für 4 Personen

1 kg Zucchini,
Saft 1 Zitrone,
Salz,
250 g gekochter Schinken,
1 Bund Petersilie,
Pfeffer,
Knoblauchpulver,
1/4 l Sahne,
3 Eier,
150 g Raspelkäse

Zucchini in Scheiben schneiden, mit Zitronensaft beträufeln und mit Salz bestreuen.

Schinken in Streifen schneiden, Petersilie hacken und alles mit den Zucchini vermischen.

Mit Pfeffer und Knoblauchpulver würzen und in eine Auflaufform füllen.

Sahne und Eier verquirlen und über den Auflauf gießen.

Mit geraspeltem Käse bestreuen und 40 Min. bei 180–200 °C im Backofen überbacken.

Gemüse-Lasagne

Für 4 Personen

750 g Gemüse (Möhren, Sellerie, Porree, Erbsen, Mais),
50 g Butter,
50 g Mehl,
1/3 l Milch,
1/3 l Wasser,
1 Ecke Schmelzkäse,
Salz,
Pfeffer,
Muskat,
Gemüsebrühe,
Lasagneblätter,
200 g Käse

Gemüse putzen, klein schneiden und in Salzwasser garen.

Aus Butter, Mehl, Milch und Wasser eine Mehlschwitze herstellen, mit Salz, Pfeffer und Muskat würzen.

Schmelzkäse dazugeben und nochmals aufkochen. Das Gemüse in die Soße geben.

Gemüse und Lasagneblätter abwechselnd in eine Auflaufform schichten.

Gemüse als letzte Schicht.

Zum Schluss alles mit geriebenem Käse bestreuen und zugedeckt im Backofen bei 200 °C ca. 40 Min. backen.

Zucchini-Putengulasch

Für 2 Personen

300 g Putenfleisch aus der Keule, 1 EL Öl, 2 Knoblauchzehen, 1 Zwiebel, 400 g Zucchini, Salz, 1/2 TL grüne Pfefferkörner, 1 Spritzer Zitronensaft, 1/2 Bund Minze, 250 g Joghurt, 300 g Spätzle	Das Fleisch in Streifen oder kleine Würfel schneiden, in Öl anbraten und warm stellen. Knoblauch, Zwiebeln, Zucchini klein schneiden und anbraten. Fleisch zufügen, mit Gewürzen gar schmoren. Mit in feine Streifen geschnittener Minze bestreuen. Zum Schluss Joghurt in Klecksen auf das Gulasch geben. Spätzle dazu reichen. Das Gericht lässt sich gut im Wok zubereiten.

Zucchini-Lachsauflauf

Für 4 Personen

800 g Zucchini, 800 g Lachsfilet, 4 Eier, etwas Sahne, Salz, Pfeffer, geriebenen Käse, Butter, gehobelte Mandeln	Zucchini raspeln, etwas salzen und in einen gefettete Auflaufform geben. Fischfilet darauf legen, Eier mit Sahne, Salz und Pfeffer verquirlen und über den Auflauf gießen. Mit Käse und Butterflöckchen bestreuen. Als i-Tüpfelchen in der Pfanne geröstete Mandelblättchen auf den Käse geben. Backzeit im Umluftherd ca. 30–40 Min bei 160–180 °C.

Beilagen und Salate

Zucchini-Chutney

Für 4 Personen

800 g Zucchini,
800 g Zwiebeln,
1 P. Gelierzucker,
2 Bananen,
1–2 TL Ingwer,
1–2 TL Curry

Alle Zutaten mixen (Gemüse vorher garen und zerkleinern) und 4 Minuten kochen.

In Gläser füllen. Passt zu Kurzgebratenem und Geflügel.

Zucchini-Pasta

Für 4 Personen

1 EL Öl,
150 g Zwiebel,
2 TL Curry,
600 g Zucchini,
300 g Champignons,
100 g Sahne,
Salz,
Pfeffer,
Parmesankäse

Gemüse klein schneiden. Zwiebel in Öl andünsten. Zucchini, Pilze, Curry zufügen und kurz anschwitzen.

Mit Sahne ablöschen, mit Salz und Pfeffer abschmecken.

Mit geriebenem Parmesan zu Spaghetti reichen.

Apfel-Remoulade

Für 4 Personen

250 g Miracel Whip,
250 g Magerquark,
Milch,
Salz,
Pfeffer,
2 Äpfel,
3 Gewürzgurken,
1 kleine Zwiebel,
1 Bd. Schnittlauch,
1 Bd. Petersilie

Miracel Whip mit Quark, Milch und Gewürzen verrühren. Äpfel, Gurken und Zwiebeln in kleine Würfel schneiden.

Kräuter hacken, alles zusammen gut vermischen und abschmecken.

Passt zu Röstkartoffeln, gebratenem Fleisch oder zu Bratkartoffeln und Sauerfleisch.

Kartoffel-Kürbissalat

Für 4 Personen

800 g festkochende Kartoffeln,
400 g Kürbisfleisch,
4 EL geröstete Kürbiskerne,
1 EL Olivenöl,
2 kleine Zwiebeln,
100 ml Gemüsebrühe,
5 EL Apfelessig,
Saft von 2 Orangen,
4 EL Olivenöl,
1/2 TL Currypulver,
Pfeffer,
Salz

Kartoffeln garen, pellen und in Scheiben schneiden.

Aus Gemüsebrühe, Apfelessig, 4 EL Olivenöl, Currypulver, Pfeffer, Salz eine Marinade zubereiten, über die Kartoffeln gießen und 30 Min. ziehen lassen. Kürbis raspeln, in Öl andünsten und leicht salzen.

Die Zwiebeln fein hacken, zusammen mit dem Kürbisfleisch sorgfältig unter den Kartoffelsalat mischen.

Mit den Kürbiskernen garnieren.

Kartoffel-Kürbissalat

Gurkensalat mit Früchten

Für 4 Personen

1 Salatgurke, 1 Orange, 1 kleine Dolde blaue Weintrauben, 1 B. saure Sahne, 1 EL Zitronensaft, 2 EL Mayonnaise, 1 TL Zucker, 1 Pr. Salz, weißer Pfeffer	Gurke schälen und hobeln, Orange in Spalten zerlegen. Trauben halbieren und entkernen. Alles vermischen und mit der aus den restlichen Zutaten hergestellten Marinade übergießen. Gut gemischt kaltstellen und durchziehen lassen.

Boss-Platte

Für 4 Personen

250 g Fleischwurst, 250 g Gouda Käse, 250 g Tomaten, 1 Salatkopf, 3 große Zwiebeln, 1 Becher Joghurt, 4 EL Mayonnaise, 1 EL Tomatenketchup, Salz, Pfeffer, Paprika, 1 Prise Cayennepfeffer, 2 gekochte Eier	Fleischwurst und Käse in ca. 1 cm breite Streifen schneiden. Tomaten in Scheiben schneiden, Eier achteln. Salat auf einer Platte anrichten, Wurst, Käse, Tomaten, Eier darauf schichten. Zwiebeln in dünne Scheiben schneiden, blanchieren und auf der Salatplatte verteilen. Aus den restlichen Zutaten eine Salatsoße herstellen und gleichmäßig auf den Salat gießen. Mit Brötchen oder Baguette reichen – zum Sattessen.

Knuspriger Apfelsalat

Für 4 Personen

150 g Frühstücksschinken, 2–3 Äpfel, 2–3 Bananen, 3–4 Stangensellerie, 2 Frühlingszwiebeln, 2 EL Zitronensaft, 2 TL Zitronenschale, 2 EL Schnittlauch, 2 EL Öl, Salz, Pfeffer, 50 g Haselnüsse	Schinken würfeln, in der Pfanne knusprig braten und anschließend auf Küchenpapier abtropfen lassen. Äpfel klein würfeln oder raspeln. Obst und Gemüse klein schneiden. Aus den restlichen Zutaten eine Marinade bereiten, mit den übrigen Zutaten vermischen und abschmecken. Mit den gehackten Nüssen und Schinkenwürfeln bestreuen.

Kürbis-Möhrenrohkost

Für 4 Personen – Foto siehe Seite 146

2 rote Äpfel, 200 g Möhren, 350 g Kürbisfleisch, etwas frischer Ingwer, 1 Zitronensaft, 4–5 EL Sahne, Salz, Petersilie	Äpfel (nicht schälen), Möhren, Kürbis raspeln, Petersilie fein hacken. Vorsichtig vermengen. Alle Zutaten bis auf den Ingwer zur Marinade vermischen und mit Salz abschmecken. Den Ingwer reiben, auf die Rohkost geben, ziehen lassen.

Kürbissalat

Für 4 Personen

500 g Kürbisfleisch,
1 Apfel,
1 Banane,
1 EL Joghurt,
1/2 TL Senf,
etwas Zitronensaft,
1 EL Öl,
Salz,
Pfeffer,
Zucker,
Ingwerpulver

Kürbis und Apfel raspeln, Banane in Scheiben schneiden.

Alle Zutaten zur Marinade vermischen, abschmecken und auf den Salat geben.

Der Kürbis-Salat schmeckt gut zu Schweineschnitzel.

Makkaronisalat

Für 4 Personen

250 g Gabel-Makkaroni,
1 EL Rapsöl,
1/2 Glas Cornichons,
125 g gekochter Schinken,
100 g Salami,
125 g Emmentaler Käse,
3 Tomaten,
2 säuerliche Äpfel,
5 EL Tomatenketchup,
3 EL Rapsöl,
1 EL Essig,
Salz,
Pfeffer,
Zucker,
1 Bund Schnittlauch,
1 Bund Petersilie

Nudeln in reichlich Salzwasser bissfest kochen.

Schinken, Käse und Salami in Streifen schneiden, Äpfel raspeln, Tomaten und Gurken in Stücke schneiden.

Alles mit den Nudeln vorsichtig vermischen.

Aus den restlichen Zutaten eine Marinade bereiten, mit den übrigen Zutaten vermischen und gut durchziehen lassen.

Der Makkaroni-Salat ist eine kräftige Beilage zu Grillfleisch.

Nudelsalat

Für 6 Personen

500 g Nudeln,
4 kl. Stangen Porree,
1 Zwiebel,
1 rote und 1 grüne Paprika,
6 EL Zitronensaft,
6 EL Sojasoße,
4 EL Chinagewürz,
2 TL Salz,
6 EL Zucker,
6 EL Öl

Nudeln bissfest kochen, Gemüse fein schneiden.

Aus den übrigen Zutaten ein Dressing herstellen und mit den Nudeln und dem Gemüse vermischen.

Gut durchziehen lassen.

Als Beilage zu Fleischgerichten.

Rote-Beetesalat

Für 4 Personen

450 g Rote Beete,
2 Äpfel,
1/8 l süße Sahne,
2 EL Zitronensaft,
1 EL geriebener Meerrettich,
1/2 TL Senf,
etwas Zucker,
Salz,
1 Bund Schnittlauch

Rote Beete säubern, schälen, Äpfel schälen und entkernen, beides in Stifte schneiden oder grob raspeln.

Sahne steif schlagen; Zitronensaft, Meerrettich, Senf, Salz, Zucker mischen, Sahne unterheben und abschmecken.

Alles mit der Rote Beete und den Äpfeln vermengen und etwa 1 Stunde durchziehen lassen.

Schnittlauch in Röllchen schneiden und über den Salat streuen.

Spitzkohlsalat

Für 4 Personen

300 g Spitzkohl,
250 g Möhren,
2 Mandarinen,
1 Bund Petersilie,
2 EL Sesamsamen,
1 Stück Ingwer,
6 EL Öl,
5 EL Apfelessig,
Salz,
Pfeffer,
Zucker

Spitzkohl und Möhren in feine Streifen schneiden, Mandarinen klein schneiden, Petersilie hacken.

Sesam ohne Fett rösten und alles vermischen.

Marinade aus fein gewürfeltem Ingwer, und den restlichen Zutaten herstellen, würzig abschmecken und mit dem Salat vermischen.

Kürbis-Chutney

Für 4 Personen – Foto siehe Seite 146

125 g Zwiebeln,
2 EL Öl,
500 g Kürbisfleisch,
500 g mürbe Äpfel,
1 Stück Ingwerknolle,
1 unbehandelte Zitrone,
2 Stangen Zimt,
1 TL gemahlener Koriander,
175 g Zucker,
1 Prise Salz

Zwiebeln, Kürbisfleisch und Äpfel in kleine Würfel schneiden.

Ingwer schälen und in dünne Scheiben schneiden, Zitrone dünn schälen, Öl erhitzen, Zwiebel darin andünsten, Kürbis, Äpfel und alle anderen Zutaten dazu geben und ca. 35 Min. unter häufigem Rühren schmoren.

Zitronenschale und Zimtstangen entfernen, kochend heiß in saubere Gläser füllen und sofort verschließen.

Gemüsereis mit Käsesoße

Für 4 Personen

250 g Reis, 30 g Butter, 650 ml Brühe, 1 Bund Frühlingszwiebeln, 200 g Möhren, 30 g Butter, 2 EL Curry, Salz, Pfeffer, 200 g Kräuterschmelzkäse, 150 g gekochten Schinken, 2 EL gehackte Petersilie	Reis in Butter anbraten, mit Brühe auffüllen und zugedeckt bei kleiner Hitze garen. Gemüse klein schneiden und in Butter dünsten. Den fertigen Reis mit Curry, Salz und Pfeffer würzen. Schmelzkäse unterrühren. Schinken in Streifen schneiden. Gemüse, Schinken und Reis mischen. Mit Petersilie bestreuen.

Kartoffel-Plätzchen

Für 4 Personen

1 kg gekochte Kartoffeln, 8 EL Milch, 225 g Mehl, Salz, 30 g Butter	Alle Zutaten mit Rührgerät mixen. Daraus eine Rolle von 6 cm Durchmesser formen, in 1 1/2 cm Scheiben schneiden, auf gefettetes Backblech legen, Butterflöckchen auf die Plätzchen geben und 30 Min. backen. Dazu schmeckt frisches Apfelmus oder als Beilage zum Braten.

Nudelnester

Für 4 Personen

500 g Spaghetti, 3 Eier, 200 g Sahne, Salz, Pfeffer, Paprika, Muskat, Kräuter der Provence, 2 Knoblauchzehen, 4 Tomaten, 250 g Mozzarella	Spaghetti garen. Eier, Sahne, Gewürze und Kräuter verrühren. Nudeln in die Eiermasse geben, gut vermischen, mit Gabel und Löffel Nester formen und auf ein Backblech setzen. Tomaten und Mozzarella in Scheiben schneiden und auf die Nester setzten. Bei 200 °C 15–20 Min. backen.

Paprikaschoten mit Schafskäse

Für 2–4 Personen

2 rote Paprika, 1 kleine Zucchini, 2 Tomaten, 200 g Schafskäse, Salz, Pfeffer, 1 Bund Petersilie, 40 g Butter	Paprika halbieren, entkernen. Zucchini, Tomaten und Käse würfeln, vermengen und mit Salz und Pfeffer würzen. In die Paprika füllen, mit Petersilie und Butterflöckchen bestreuen. In Alufolie setzen und im Backofen ca. 20 Min. grillen. Leckere Beilage zu Kurzgebratenem oder mit Reis als kleines Hauptgericht oder als Vorspeise.

Nudelnester

Folienkartoffeln mit Krabbencreme

Für 4–6 Personen

6 große Kartoffeln (à ca. 300 g), 500 g Tzatziki, 125 g Crème fraîche, 1 Zwiebel, 200 g Krabben, etwas Zitronensaft

Die Kartoffeln gründlich waschen und ca. 25 Min. garen, evtl. pellen.

Die Kartoffeln in Alufolie wickeln und ca. 20 Min. bei 200 °C in den Backofen geben.

Tzatziki mit Crème fraîche verrühren.

Zwiebel würfeln und mit 100 g Krabben unter die Masse heben und mit Zitronensaft abschmecken.

Die Folienkartoffeln aufbrechen, die Creme einfüllen und mit den restlichen Krabben bestreuen.

Dazu passt ein grüner Salat. Folienkartoffeln sind immer eine gute Beilage.

Zucchini-Käsefächer

Für 4 Personen

4 kleine Zucchini, 12 Scheiben Raclette Käse, Salz, Pfeffer, Alufolie

Die Zucchini 3 mal längs einschneiden, in die Querschnitte den Käse einlegen.

Mit Salz und Pfeffer würzen. 4 Stücke Alufolie mit Öl bepinseln, Zucchini einwickeln und ca. 5 Min. pro Seite grillen.

Folienkartoffel

Nachspeisen

Apfelauflauf „Susi“

Für 4 Personen

750 g Äpfel,
1 EL Zitronensaft,
1 Messerspitze Zimt,
150 g Haferflocken (Kernige),
125 flüssige Butter,
100 g Zucker

Die Äpfel schälen, entkernen, klein schneiden und in eine gefettete Auflaufform geben.

Den Zitronensaft und Zimt über die Äpfel geben. Flüssige Butter mit Haferflocken und Zucker vermischen und über die Äpfel geben.

ca. 1 Stunde 175°C im Backofen garen

Brombeersahne mit Ananas

Für 8–10 Personen

500 g Brombeeren,
50 g Zucker,
4 EL Orangensaft,
1–2 TL Speisestärke,
250 g Schlagsahne,
1 Ananas (etwa 800 g),
500 g Karameleis

Brombeeren waschen, gut abtropfen lassen.

Die Hälfte pürieren, durch ein Sieb streichen und mit dem Zucker zum Kochen bringen. Orangensaft und Speisestärke verrühren, in das Brombeerpüree rühren, aufkochen, kalt stellen.

Ananas in Scheiben schneiden, Strunk herausstechen.

Sahne steif schlagen, unter die Brombeermasse heben.

Brombeesahne mit Eis und Ananas anrichten, mit den restlichen Brombeeren garnieren.

Apfelschaum mit Holundersoße

Für 4 Personen

2 Äpfel,
20 g Butter,
75 g Zucker,
1 EL Zitronensaft,
50 ml Apfelsaft,
4 Blatt weiße Gelatine,
1/4 l Schlagsahne,
200 ml Holunderbeersaft,
200 ml Wasser,
2 EL Vanille-Puddingpulver,
20 g Butter,
1 Apfel

2 Äpfel waschen, schälen vierteln, entkernen, würfeln.

20 g Fett erhitzen, 25 g Zucker und die Apfelwürfel darin andünsten.

Zitronensaft und Apfelsaft dazugießen, kurz weiterdünsten und pürieren.

Gelatine einweichen und unter die heiße Apfelmasse rühren.

Sahne steif schlagen und unter die erkaltete Masse ziehen. 3 Stunden kalt stellen.

Holunderbeersaft mit 100 ml Wasser und 40 g Zucker aufkochen.

Puddingpulver mit 3 EL kaltem Wasser anrühren, in den Saft rühren, 2 Min. kochen, dann erkalten lassen.

1 Apfel schälen, vierteln, entkernen und in Spalten schneiden.

In 20 g Fett mit 10 g Zucker ca. 5 Min dünsten.

Mit dem Saft einen Spiegel auf die Teller gießen. Von dem Apelschaum Klöße abstechen und auf die Holunderbeersoße setzen.

Mit den Apfelspalten garnieren.

Herbstlicher Obstsalat

Für 6–8 Personen

2 Birnen,
3 Äpfel,
250 g Pflaumen oder Zwetschgen,
1 Banane,
500 g Weintrauben,
1 EL Zitronensaft,
Zucker,
100 g gehackte Nüsse

Die Birnen und Äpfel schälen und in Stücke schneiden.

Pflaumen bzw. Zwetschgen entsteinen, auch in Stücke schneiden.

Banane klein schneiden.

Die Weintrauben waschen, halbieren und alles mit Zitronensaft begießen.

Zucker und Nüsse unterheben und abschmecken.

Kehdinger Streifzug

Für 6–8 Personen

500 g Äpfel,
500 g Kürbisfleisch,
ca. 1/8 l Wasser,
1 Stück Zitronenschale,
1 Vanillestange,
100 g Zucker,
1/4 TL Zimt,
1 Prise Salz,
1 Prise gemahlenen Ingwer,
evtl. 2 EL Williams-Christ,
1/4 l Sahne,
1 Scheibe trockenes Schwarzbrot,
1 TL Zucker,
1 EL Pistazien

Äpfel schälen und klein schneiden, mit etwas Wasser zu Apfelmus kochen. Kürbiswürfel mit Gewürzen zu Mus kochen, abschmecken.

Mit einen Schneebesen Apfel- und Kürbismus mischen, kräftig verrühren. Evtl. mit Williams-Christ abrunden. In Gläser schichten.

Schlagsahne steif schlagen und als zweite Schicht auffüllen.

Schwarzbrotkrümel in der Pfanne rösten, mit Zucker bestreuen, abkühlen lassen und auf die Sahne geben.

Mit gehackten Pistazien bestreuen.

„Die schwarze Brotschicht steht für das Kehdinger Moor, die gelbe Kürbis-Apfel-Schicht für die Rapsfelder der Marsch, die weiße Sahne für die Sandstrände an der Elbe, die grünen Pistazien für die Wiesen Kehdingens“.

Kehdinger Streifzug

Zwetschgenberg

Für 4–6 Personen

400 g Zwetschgen,
2 EL Zucker,
etwas Wasser,
1/2 l Milch,
1 P. Puddingpulver (Vanillegeschmack),
2 EL Zucker,
2 Eigelb,
2 Eiweiß,
100 g Zucker,
Zimt

Zwetschgen entkernen, halbieren, mit 2 EL Zucker und etwas Wasser gar dünsten, in eine Auflaufform füllen.

Aus Milch, 2 EL Zucker, Puddingpulver und Eigelb einen Flammerie kochen und auf die gedünsteten Zwetschgen streichen.

Eiweiß steif schlagen den restlichen Zucker unterrühren.

Die Baisermasse gleichmäßig auf dem Vanillepudding verteilen.

Zum Schluss wird über den Zwetschgenberg etwas Zimt und Zucker gestreut.

10 Minuten bei 200 °C überbacken

Der Zwetschgenberg kann sowohl warm als auch kalt gegessen werden.

Kürbis-Mandelcreme

Für 4 Personen

500 g Kürbis,
200 g Sahne,
200 ml Milch,
125 g Rohrzucker,
100 g gemahlene Mandeln,
1 Prise Zimt,
1 Prise Kardamom,
2 EL Orangen- oder Mandellikör,
1 EL Mandelblättchen

Kürbis schälen, von Kernen und inneren Fasern befreien, würfeln.

Mit Sahne, Milch und Zucker im offenen Topf 40 Min. schwach kochen lassen bis die Flüssigkeit stark eingekocht ist. Mit dem Handrührgerät durchschlagen.

Mandeln, Gewürze und Likör untermischen.

Kalt stellen, Mandelblättchen rösten und über das Dessert streuen.

Pfirsich-Joghurtcreme

Für 4–6 Personen

1 Dose Pfirsiche,
500 g Joghurt,
50 g Zucker,
3 Blatt Gelatine,
1 Becher Sahne,
1 Vanillepudding „ohne Kochen",
1/2 l Multivitaminsaft und Pfirsichsaft

Pfirsiche abtropfen lassen und in eine Schüssel geben. Sahne steif schlagen.

Gelatine einweichen und auflösen, mit Joghurt und Zucker verrühren, dann die Sahne unterheben.

Alles auf die Pfirsiche füllen.

Pfirsichsaft und Multivitaminsaft mit Vanillepudding verrühren und vor dem Servieren auf die Creme gießen

Gebäck

Kürbis-Nusskuchen

7 Eigelb, 150 g Zucker,	Eigelb, Zucker, Salz und Zimt schaumig rühren.
1 Prise Salz, Zimt,	Die anderen Zutaten vorsichtig unterheben.
2 cl Rum, 200 g fein geraspelter Kürbis,	Eiweiß steif schlagen und zum Schluss unter den Teig heben.
120 g ger. Mandeln, 120 g geriebene Haselnüsse,	In eine Napfkuchenform füllen und bei 190 °C ca. 45–55 Min. backen.
50 g Mehl, 1 TL Backpulver, 7 Eiweiß,	Kuchen abkühlen lassen und mit Schokoglasur beziehen.
Schokoglasur	Der Teig eignet sich auch gut für Muffinförmchen

Amerikanischer Kürbiskuchen

(Pumpkin Pie)

250 g Mehl, 125 g gekühlte Butter, 25 g Zucker, 250 g Kürbispüree,	Mehl und Butter verkneten, 25 g Zucker und 3–4 EL kaltes Wasser zufügen, weiterkneten bis ein glatter Teig entstanden ist.
2 Eier, 150 ml saure Sahne, 76 g brauner Zucker,	Den Teig ausrollen und eine „Pie"-Form (26 cm) damit auslegen.
1 TL Zimt, 1/2 TL gemahlenen Ingwer,	Aus dem restlichen Teig Blätter formen und den Rand damit dekorieren.
1/4 TL gemahlene Muskatnuss	Kürbispüree, Eier, Sahne, Zucker und Gewürze verrühren und auf den Teig geben.
	190 °C, 45 bis 50 Min. backen, abkühlen lassen, evtl. mit Zimt bestreuen und mit Sahne servieren.

Amerikanischer Kürbiskuchen, Kürbis-Nusskuchen, Muffins

Zucchinikuchen

3 Eier,
300 g Fruchtzucker,
1 Vanillezucker,
1 TL Zimt,
1 TL Natron,
1 TL Backpulver,
1/4 l Öl,
200 g gemahlene Haselnüsse,
200 g Rosinen,
250 g Mehl (Type 1050),
400 g frische geschälte, entkernte, feingeraspelte Zucchini

Eier, Zucker, Vanillezucker schaumig schlagen.

Die restlichen Zutaten unterheben.

In zwei kleine Kastenformen füllen und bei 150 °C 2 Stunden backen.

Apfel-Tarte

300 g Mehl,
1 EL Zucker,
1 Prise Salz,
200 g Butter,
1 Ei,
1 kg säuerliche Äpfel (z. B. Boskop),
2 EL Puderzucker zum Bestäuben,
1 feuerfeste Form (30 cm Durchmesser)

Aus Mehl, Zucker, Salz, Butter, Ei einen Mürbeteig herstellen, kaltstellen.

Äpfel schälen, halbieren, Kerngehäuse entfernen und in schmale Spalten schneiden.

Teig in die gefettete Pieform füllen.

Die Apfelspalten dachziegelartig auf dem Teigboden verteilen und mit Zucker bestreuen.

Bei 250 °C ca. 15–20 Min. backen, mit Puderzucker bestreuen und warm oder kalt, eventuell mit Vanillesoße, servieren.

Aprikosen-Vanillebutterkuchen

Teig: 250 g Margarine,
175 g Zucker,
1 P. Vanillezucker,
1 Prise Salz,
6 Eier,
500 g Mehl,
1 P. Backpulver,
8 EL Milch

Belag: 2 Dosen Aprikosen,
1/2 l Milch,
1 P. Mandel-Puddingpulver,
40 g Zucker,
100 g Mandeln,
100 g Butter,
100 g Zucker

Aus den Teigzutaten einen Rührteig herstellen und auf ein gefettetes Backblech streichen.

Aprikosen abtropfen lassen und auf dem Teig verteilen.

Aus Milch, Puddingpulver und 40 g Zucker einen Flammerie kochen, etwas abkühlen lassen und in die Zwischenräume der Aprikosen füllen.

Mandeln, Butter und restlichen Zucker erhitzen und auf dem Kuchen verteilen.

Backzeit 40–45 Min. bei 175–200 °C.

Birnentorte

5 Eiweiß,
250 g Zucker,
250 g gehobelte Mandeln,
1 P. Zartbitterkuvertüre,
5 große Birnen,
3 Becher Sahne,
2 P. Vanillezucker,
Eierlikör

Eiweiß sehr steif schlagen, Zucker und Mandeln einrieseln lassen.
Baisermasse in eine mit Backpapier ausgelegte Springform füllen
und ca. 40–50 Min. backen bei 145 °C.

Kuvertüre schmelzen und auf den erkalteten Baiserboden streichen.

Birnen schälen, vierteln, Kerngehäuse entfernen, in etwas Wasser leicht gezuckert garen. (5 Min.) Ersatzweise 1 Dose Williamsbirne. Birnen abtropfen lassen und auf den Boden legen. Tortenring um Torte stellen.

Sahne mit Vanillezucker steif schlagen, auf die Birnen geben, mit EL in die Form drücken.

Mit Eierlikör dekorieren.

Kürbis-Quarktorte

Kürbis-Quarktorte

180 g Mehl,
1/2 TL Backpulver,
80 g Zucker,
80 g Butter,
750 g Magerquark,
250 g Zucker,
2 Vanillezucker,
1 Vanillepuddingpulver,
5 Eier,
1 Zitronensaft
(evtl. Orangensaft oder
Citro Back),
etwas geriebene
Ingwerwurzel,
500 g Kürbismus

Aus Mehl, Backpulver, 80 g Zucker und Butter einen Knetteig herstellen und in einer Springform ca. 10 Min. vorbacken.

Quark, restlichen Zucker, Vanillezucker, Vanillepuddingpulver, Eier und Zitronensaft vermengen und 2/3 auf dem vorgebackenen Boden verteilen.

Den Rest mit Kürbismus und Ingwer verrühren und auf die Quarkmasse streichen.

50–60 Min. bei 180 °C backen.

Apfel-Quarktorte

500 g Äpfel,
125 g Butter,
250 g Zucker,
1 P. Vanillezucker,
5 Eier,
1 Zitrone,
1 Becher Joghurt,
1 kg Quark,
2 EL Grieß,
1 P. Vanille-
Puddingpulver

Äpfel schälen, vierteln und raspeln.

Butter schaumig rühren. Nach und nach Zucker, Vanillezucker, Eier, Saft und Schale der Zitrone, Joghurt, Quark, Grieß und Puddingpulver hinzufügen.

Zum Schluss die geraspelten Äpfel unter den Teig mischen.

Bei 170–180 °C im vorgeheizten Backofen ca. 90 Min. backen.

Kürbis-Apfelkuchen

Teig: 350 g Mehl,
1 EL Zucker,
1/2 TL Salz,
250 g kalte Butter,
60 ml Wasser,

Füllung: 1/2 l klarer Apfelsaft,
3 EL Zucker,
1 P. Vanille-Puddingpulver,
600 g geschälte, gewürfelte Äpfel,
600 g geputztes, gewürfeltes Kürbisfleisch,
100 g Rosinen,
100 g grob geh. Erdnüsse,
Muskat,
Zimt,
Zitronenschale

Aus den Teigzutaten einen Mürbeteig herstellen. Kalt stellen.

Für die Füllung 400 ml Apfelsaft aufkochen.

Rest Saft mit Puddingpulver und Zucker glatt rühren, in den kochenden Saft rühren und nochmals aufkochen.

Apfel- und Kürbiswürfel, Rosinen und Erdnüsse in die noch heiße Masse geben und gut vermengen.

Mit Muskat, Zimt und Zitronenschale würzen.

2/3 des Teiges ausrollen und eine Springform (26 cm Durchmesser) damit auskleiden.

Die abgekühlte Kürbis-Apfel-Masse einfüllen und glatt streichen.

Rest Teig ausrollen und mit einem Teigrädchen Streifen schneiden.

Die Streifen zu einem Gittermuster auf den Kuchen legen, an den Rändern leicht andrücken und backen.

60–70 Min. 175–180 °C, anschließend 5–10 Min auf 0 °C.

Kürbisbrot

1 kg Mehl,
125 g Zucker,
60 g Butter,
1 TL Salz,
1 Würfel Hefe,
750 g Kürbis

Mehl, Zucker, Butter, Salz, Hefe und 750 g warmes Kürbismus in eine Schüssel geben und zu einem Teig verarbeiten,
ca. 30–40 Min. an einem warmen Ort gehen lassen.

45 Min. 200 °C im Kasten abbacken.

Dreikornbrot

500 g Weizenmehl (Type 1050),
50 g Sesam,
50 g Leinsamen,
50 g Weizenschrot,
2 EL Öl,
2 TL Salz,
1 Würfel Hefe,
3/8 l lauwarmes Wasser

Alle Zutaten in eine warme Schüssel geben und zu einem Teig verarbeiten, ca. 30–40 Min. an einem warmen Ort gehen lassen.

Danach noch einmal gut durchkneten und zu einem runden Laib formen, mit Wasser bepinseln und Körnern bestreuen, nochmals ca. 15 Min. ruhen lassen, die Oberfläche gitterartig einritzen und abbacken.

45 Min. bei 220 °C untere Schiene

Mit 50 g Sonnenblumenkernen im Teig wird es ein „Vierkornbrot".

Kräuterbrötchen

ca. 20–24 Stück

500 g Weizenmehl,
8 EL Öl,
1 TL Salz,
1 TL Zucker,
1 Würfel Hefe,
gut 1/4 l lauwarme Milch,
1 gestrichener TL gemahlener Kümmel,
1 große Zwiebel,
1 Bund Schnittlauch,
1 Bund Petersilie,
1 Eigelb zum Bestreichen,
Kümmel oder grobes Salz zum Bestreuen

Zwiebel, Schnittlauch, Petersilie sehr fein schneiden und zu den anderen Zutaten geben.

Teig lange kneten, aufgehen lassen, durchkneten und formen.

Mit Eigelbmilch bestreichen und ca. 15 Min. auf dem Blech aufgehen lassen.

Evtl. mit Kümmel oder grobem Salz bestreuen.

Backzeit ca. 15 Min. bei 220 °C.

Kürbisbrötchen

ca. 25 Stück

40 g Hefe,
1 EL Zucker,
100 ml Wasser,
300 g Weizenvollkornmehl,
200 g Dinkelmehl,
3 TL Salz,
150 g Kürbispüree,
100 ml Milch,
80 g weiche Butter,
75 g grob gehackte Walnüsse,
20 g flüssige Butter,
Sesam- und Mohnsamen

Einen Hefeteig herstellen. Salz, Kürbispüree, Milch und Butter dazugeben und gründlich verkneten, dann die Walnüsse dazugeben.

Den Teig an einem warmen Ort auf das Doppelte Volumen aufgehen lassen, wieder leicht kneten, kleine Brötchen formen und auf einen gefetteten Backblech nochmals 10 Min. gehen lassen.

Die Brötchen mit Butter bepinseln, mit Sesam oder Mohn bestreuen und ca. 20 Min. bei 190 °C backen.

Kürbisstuten

1 kg Weizenmehl (Type 550),
200 g Butter,
150 g Honig,
40 g Hefe,
1 TL Salz,
500 g gegartes Kürbisfleisch

Hefeteig herstellen, zum Schluss das Kürbismus unterkneten

Ein Brot formen und in einer Kastenform ca. 45 Min. bei 200 °C abbacken.

Auch mit abgeriebener Zitronenschale und/oder Vanillezucker sehr lecker.

Kürbisstuten, Kurbisbrötchen, Kürbismarmelade

Kürbismarmelade mit Apfel

Foto siehe Seite 189

1 kg Früchte (2/3 Äpfel, 1/3 Kürbis), 1 kg Gelierzucker, Zitronensaft, Zimtstange

Äpfel, Kürbis und Zimtstange mit etwas Wasser aufkochen, evtl. pürieren.

Gelierzucker nach Anweisung verwenden.

Zum Schluss etwas Zitronensaft dazugeben.

Kürbisgelee (Brotaufstrich)

1,5 kg Kürbisfleisch, 1,2 l Wasser, 1kg Gelierzucker, Saft von 2 Zitronen, 1 TL gehackte Minze

Kürbisfleisch in Würfel schneiden und mit Wasser 20–30 Min. weich kochen.

Den Saft durch ein Sieb gießen. 3/4 l Saft mit Gelierzucker und Zitronensaft zum Kochen bringen. 4 Min. sprudelnd kochen lassen.

Die feingehackte Minze unterrühren. Das Gelee heiß und randvoll in Gläser füllen und sofort verschließen.

Das Fruchtfleisch weiterverarbeiten beim Brotbacken oder in Salaten usw.

Kürbis-Orangenmarmelade

Foto siehe Seite 189

400 g Kürbisfleisch, 100 g Nektarinen oder Pflaumen, 500 ml Orangensaft, 1 P. Gelierzucker 1:2, etwas frisch geriebene Ingwerwurzel

Früchte in Orangensaft aufkochen, evtl. pürieren.

Gelierzucker nach Anweisung verwenden.

Zum Schluss Ingwer dazugeben

Pikantes zu Bier und Wein

Apfel-Zwiebelquiche

150 g Mehl,
150 g Magerquark,
150 g weiche Butter,
1 Prise Salz,
500 g Zwiebeln,
500 g Äpfel (z. B. Elstar oder Cox Orange),
2 EL Zitronensaft,
150 g durchwachsener Speck,
2 EL Butter,
Salz,
Pfeffer,
1 TL getrockneter Majoran,
2 Eier,
250 g Crème fraîche,
80 g ger. Käse

Mehl in eine Schüssel füllen. Quark in einem Tuch auspressen.

Anschließend mit Butter und Salz zum Mehl geben und mit dem Knethaken des Handrührgerätes zu einem geschmeidigen Teig verkneten.

Zugedeckt mindestens 30 Min. kühl stellen. Zwiebeln schälen und in feine Ringe schneiden.

Äpfel schälen, achteln, vom Kerngehäuse befreien und in Scheiben schneiden.

Mit Zitronensaft beträufeln. Speck würfeln und mit der Butter in einer breiten Pfanne ausbraten. Zwiebeln dazugeben und bei mittlerer Hitze 3 Min. dünsten.

Apfelscheiben dazugeben und weitere 5 Min. dünsten. Mit Salz, Pfeffer, Majoran unter Rühren würzen. Pfanne vom Herd nehmen.

Eier mit Crème fraîche und dem Käse verrühren.

Teig auf wenig Mehl ausrollen, in eine gefettete Form legen und einen 3 cm hohen Rand hochziehen.

Die Apfel-Zwiebel-Mischung gleichmäßig darauf verteilen und mit der Eiercreme übergießen.

Im vorgeheizten Backofen 30 Min. bei 180 °C backen.

Lachsquiche

200 g Weizenmehl,
100 g Butter,
1 Ei,
2 EL Milch,
1 Pr. Salz,
300 g geräucherter Lachs,
750 g Lauch,
2 EL Butter,
4 Eier,
6 EL Crème fraîche,
1/2 TL Salz,
1/2 TL Pfeffer,
1 Prise Muskat,
1 TL Zitronensaft

Mehl, Butter, Ei, Milch und Salz schnell zu einem glatten Teig verkneten und kalt stellen.

Lachs in dünne Scheiben und dann in Streifen schneiden.

Lauch längs aufschneiden, putzen, waschen, in breite Ringe schneiden, in Butter 6 Min. dünsten und abkühlen lassen.

Eier mit Crème fraîche verquirlen, Lauch und Lachs untermengen, mit den restlichen Zutaten würzen.

Teig in eine Springform oder eine feuerfeste Pieform mit einem Durchmesser von 28 cm füllen (Rand nicht vergessen) Lachs-Gemüsemischung einfüllen und 30–40 Min. bei 200 °C backen.

Champignonpastete

Für 4 Personen

250 g Mehl,
150 g Butter,
2 Eier,
1 Pr. Salz,
1 TL Backpulver,

Aus Mehl, Butter, 2 Eiern, Salz und Backpulver einen Mürbeteig herstellen, in einer Springform veteilen und festdrücken, Rand hochziehen.

5 Min. vorbacken.

2 Zwiebeln,
75 g Butter,
400 g Champignons,
250 g Schnittkäse,
250 g gek. Schinken,
1/4 l Sahne,
1/4 TL Salz,
1/4 TL Pfeffer,
1/4 TL Muskat,
3 Eier

Zwiebeln würfeln, mit Champignons anbraten.
Die restlichen Zutaten zerkleinern und hinzufügen.

Eine Füllung herstellen und auf den Teig geben.

Bei 200 °C 50 Min. backen.

Reicht auch für ein Abendbrot.

Champignonpastete

Fränkischer Zwiebelkuchen

400 g Weizenmehl,
1 Würfel Hefe,
1 Ei,
1 gestrichener TL Salz,
knapp 1/4 l
lauwarmes Wasser,
500 g Zwiebeln,
200 g Speck,
1/4 l saure Sahne,
1 Eigelb,
zerlassenes Speckfett,
1 TL Mehl,
1/2 TL Kümmel,
1/2 TL Salz

Aus Mehl, Hefe, Ei, Salz, Wasser einen Hefeteig herstellen.

25 Min. aufgehen lassen, ausrollen und auf ein gefettetes Blech legen.

Zwiebeln schälen, halbieren, in dünne Scheiben schneiden und sehr gleichmäßig auf dem Teig verteilen. Mit Salz und Kümmel bestreuen.

Speck fein würfeln, glasig anbraten und über die Zwiebeln geben.

Saure Sahne mit dem restlichen Mehl, Eigelb und Speckfett verrühren und über den Belag träufeln.

30–40 Min. backen bei 210 °C, Heißluft 190 °C.

Den Zwiebelkuchen heiß servieren!

Gut passt ein herber Landwein dazu, sehr gut natürlich ein Federweißer.

Lothringer Speckkuchen

200 g Mehl,
100 g Butter,
3 EL Wasser,
1/2 TL Salz,
150 g Frühstücksspeck,
200 g Emmentaler
Käse,
3 Eier,
1 Becher saure Sahne,
Pfeffer,
Paprika,
1 Bund Petersilie,
wenig Salz

Mehl, Butter, Wasser und Salz schnell zu einem glatten Teig verkneten und kalt stellen.

Speck fein würfeln und kurz anbraten.

Käse würfeln oder raspeln. Eier, Sahne mit Gewürzen und Petersilie verquirlen.

Teig in eine gefettete Springform füllen, dabei einen Rand formen.

Speck und Käse auf dem Boden verteilen, mit der Eiersahne übergießen und abbacken.

Heißluft 190 °C ca. 30–40 Min.

Getränke

Apfel-Honig-Bowle

Für 4 Personen

6 säuerliche Äpfel, 100 g Obstblütenhonig,	Äpfel schälen und grob raspeln, mit dem Honig vermischen. 24 Std. kühl ziehen lassen.
1 Weinglas weißer Rum,	Rum übergießen – 1 Std. ziehen lassen.
1 Flasche Mosel Wein, 1 Flasche Pfälzer Wein, 1 Flasche Sekt	Gut gekühlten Wein und Sekt vor dem Servieren zugießen.

Orangencocktail

Für 4 Personen

1 l Blutorangensaft, 1 frisch gepresster Zitronensaft, 250 ml Orangenlikör	Auf Eiswürfeln als Longdrink servieren.

Raum für eigene Notizen:

Marzipantorte Marie

Winter

Der Winter ist die Jahreszeit, in der sich viele von uns mehr Zeit fürs Kochen und für die Bewirtung von Gästen nehmen. Wir haben in unserem neuen Kochbuch Rezepte zusammengetragen, die auch im Winter mit frischen Zutaten aus der Region zubereitet werden können.

Probieren Sie einmal Steckrübe oder die vielen Kohlsorten, wie Weiß-, Rot-, Grün- und Rosenkohl, die neben den vielen Zitrusfrüchten unsere wichtigsten Vitamin-C-Träger im Winter sind.

Auch ein saftiges Stück Fleisch mundet an kalten Tagen besonders gut. Ob Filet, Kasseler oder Entenbraten, wir erklären die Zubereitung, wie z. B. die einfache Methode des Garens im Bratschlauch.

Sollten die Gerichte über die Festtage zu üppig ausfallen, bieten Sie der Familie und Ihren Gästen knackige Salate und bunte Gemüseeintöpfe an.

Aber genießen sie auch unsere leckeren Torten, z. B die Himmelstorte mit Äpfeln und die Marzipantorte Marie beim gemütlichen Kaffeetrinken.

Ihre Gäste werden sich wie im siebten Himmel fühlen!

Wir hoffen, dass unsere Anregungen bei Ihnen Lust auf Neues wecken.

Renate Stobbe

Suppen und Vorspeisen

Möhren-Orangensuppe

Für 4 Personen

400 g Möhren, 600 ml Gemüsebrühe,	Die Möhren putzen und in Würfel schneiden in der Brühe 10–15 Min. kochen und pürieren.
2 Orangen, 6 EL Sahne, Salz, Pfeffer, Zucker,	Die 2 Orangen auspressen, mit der Sahne verrühren, zur Suppe geben und kurz aufkochen, mit den Gewürzen abschmecken.
1 Pr. Nelkenpulver, 2 EL Kokosflocken oder Sonnenblumen- oder Kürbiskerne,	Die Kokosflocken oder Kerne in etwas heißer Butter schwenken.
1 Orange,	Die Orange filetieren und mitschwenken.
Petersilie	Die Suppe in Teller füllen, mit Orangenfilets u. Kokos oder Kernen verzieren und mit Petersilie bestreuen.

Steckrübensuppe

Für 4 Personen

1 gr. Zwiebel, 1 EL Butter, 1 kg Steckrüben, 1/2 l Gemüsebrühe,	Die Zwiebelwürfel in der Butter glasig dünsten, Steckrübenwürfel dazugeben, mit der Gemüsebrühe auffüllen, 30 Min. garen, dann pürieren.
200 g Sahne, 4 EL Orangensaft, 1/2 TL Koriander,	Sahne und Koriander einrühren, mit Orangensaft, Salz und Pfeffer abschmecken.
Salz, weißer Pfeffer, Petersilie	Mit Petersilie bestreuen.

Brokkolisuppe

Für 4 Personen

1 gr. Zwiebel,
1 EL Butter,
3/4 l Instant Hühnerbrühe,
300 g Brokkoli frisch oder tiefgekühlt,
2 Kartoffeln,
2 Möhren,
200 g Fleischklößchen,
1/2 Tasse Weißwein,
Salz,
Pfeffer,
Muskat

Zwiebel würfeln, in Butter andünsten, mit Brühe auffüllen und aufkochen.

Brokkoli putzen, Kartoffeln schälen, kleinschneiden, beides in die Suppe geben und ca. 15 Min. garen.

Einige Brokkoliröschen beiseite legen, das restliche Gemüse pürieren und wieder in den Topf füllen. Möhren putzen, fein raspeln und in die Suppe geben. 5 Min. ziehen lassen.

Fleischklößchen garziehen lassen, den Wein dazugeben und abschmecken.

Brokkoliröschen in die fertige Suppe geben.

Grünkohlcremesuppe

Für 4 Personen

300 g Grünkohl,
100 g Zwiebeln,
20 g Butter,
600 ml Brühe,
300 g Kartoffeln,
6 EL Sahne,
200 ml Milch,
2 TL Petersilie,
1 1/2 TL Majoran,
Salz,
Pfeffer,
Weizenvollkornbrot

Den Grünkohl grob hacken, Zwiebeln würfeln, beides in der Butter dünsten, mit Brühe aufgießen und ca. 20 Min. köcheln lassen.

Dann die geschälten, gewürfelten Kartoffeln dazugeben und weitere 40 Min. Kochen.

Nach dem Garen pürieren, salzen, pfeffern und abschmecken.

Weizenvollkornbrot in Würfel schneiden, in Butter rösten und zur Suppe reichen.

Curry-Apfelsuppe

Für 4 Personen

50 g Schinkenspeck, 1 geschälter Apfel, 1 Zwiebel, 30 g Fett, 2 TL Curry, 2 EL Mehl, 1 l Hühnerbrühe, evtl. 1 Banane oder Mango-Chutney nach Geschmack	Schinkenspeck, Apfel und Zwiebeln sehr klein würfeln und im Fett andünsten. Curry dazugeben, Mehl überstäuben, mit Hühnerbrühe auffüllen und aufkochen (Mehlschwitze). Banane oder Mango-Chutney dazugeben.

Selleriesuppe mit Lachs

Für 4 Personen

300 g Gemüsezwiebeln, 1 kg Sellerie, 300 g Kartoffeln, 2 EL Butter, 1 1/2 l Brühe oder Wasser, Salz, Pfeffer, 150 g geräucherter Lachs, 250 g Sahne, 1 Bd. Dill, 1 Bd. Schnittlauch,	Zwiebeln, Sellerie und Kartoffeln würfeln und in der Butter andünsten. Mit Brühe ablöschen, mit Salz und Pfeffer würzen und ca. 20 Min. garen. Einige Löffel Gemüse abnehmen, den Rest pürieren. Gemüse, in Streifen geschnittenen Lachs und Sahne zur Suppe geben, kurz ziehen lassen und den Dill und den Schnittlauch darüberstreuen. Vorsichtig mit dem Salz. Der geräucherte Lachs würzt nach!

Currysuppe mit Mandeln

Für 4 Personen

2 Möhren,
2 Stangen Porree (Lauch),
2 Zwiebeln,
1 Hähnchen (ca. 1,2 kg),
2–3 Lorbeerblätter,
3–4 Gewürznelken,
3–4 Wacholderbeeren,
Salz,
Pfeffer,
1 Dose (446 ml) Ananasstücke,
50 g Mandelblättchen,
60 g Butter oder Margarine,
1–2 EL Curry,
50 g Mehl,
150–200 g Schlagsahne

Möhren und Porree schälen bzw. putzen, waschen und klein schneiden. Zwiebeln schälen und halbieren. Hähnchen waschen.

Mit Möhren, Hälfte Porree, Zwiebeln und Gewürzen in ca. 3 l leicht gesalzenem Wasser ca. 1 Std. köcheln. Ananas abtropfen lassen.

Mandeln ohne Fett rösten. Hähnchen herausnehmen, Brühe durchsieben. Fett erhitzen. Curry und Mehl darin anschwitzen.

Brühe und Sahne einrühren, aufkochen. Rest Porree darin ca. 10 Min. köcheln.

Ananas kurz mit erhitzen.

Hähnchenfleisch von Haut und Knochen lösen. In kleine Stücke schneiden und in der Suppe erhitzen.

Mit Salz, Pfeffer und Curry abschmecken.

Mit Mandeln bestreuen.

Hühnersuppe/Diner for one

Für 2–6 Personen

1 Suppenhuhn, 1 1/2 l Wasser, 1 TL Salz, 1 Zwiebel, 1 Bd. Suppengemüse, 1 Lorbeerblatt, 40 g Butter, 75 g Räucherspeck, 4 Tomaten, 40 g Mehl, 1 l Hühnerbrühe, Curry, Cayennepfeffer, 1 Banane, 50 g gehobelte Mandeln, Sahne	Das Huhn in kaltes Wasser geben und mit Salz und Gemüse in ca. 60 Min. garkochen. Die Brühe abgießen und durchsieben. Das Hühnerfleisch in feine Streifen schneiden. Die Butter erhitzen und den fein gewürfelten Speck auslassen. Die Tomaten in feine Würfel schneiden und zugeben. Das Mehl überstreuen und durchschwitzen. Die Brühe zugießen und mit Gewürzen abschmecken. Die Banane klein würfeln und mit Mandeln in die Suppe geben, das Hühnerfleisch zugeben und mit Sahne verfeinern.

Feldsalat mit Walnüssen

Für 4 Personen

50 g Walnüsse, 400 g Feldsalat, 1/8 l Gemüsebrühe (Instant), 6 EL Sherry-Essig, 6 EL Öl, 2 EL grober Senf, Knoblauchzehen, 1 EL Honig, Salz, Pfeffer, 2 Bd. Schnittlauch, 100 g Frühstücksspeck	Die Walnüsse hacken, den Salat verlesen, säubern und mischen. Brühe, Essig, Öl und Senf aufkochen und abkühlen lassen. Die Knoblauchzehen fein hacken und mit Honig, Salz, Pfeffer und Schnittlauch mit der Marinade verrühren und kurz vor dem Essen über den Salat geben. Den Frühstücksspeck würfeln, in einer Pfanne ausbraten und direkt vor dem Servieren über den Salat geben. Mit Kräuterbrot und geräuchertem Lachs gut als Vorspeise oder zum Satt essen geeignet.

Blätterteigtaschen

Für 4 Personen

1 P. TK Blätterteig (6 Scheiben)
100 g Brokkoliröschen (evtl. TK),
1 B. Kräuter-Crème-fraîche,
Salz,
Pfeffer,
Zitrone,
300 g Lachsfilet ohne Haut und Gräten

Brokkoli mit wenig Wasser und Salz ca. 10 Min. dünsten.

Blätterteig auf die Arbeitsplatte legen, auftauen lassen. Brokkoli mit Crème fraîche und Salz, Pfeffer, Zitrone sehr würzig zu einer Masse verrühren.

Lachsfilet würfeln, unter die Masse ziehen.

Blätterteig leicht ausrollen, in die Mitte einer Hälfte 1/6 der Masse geben, der inneren Rand mit Wasser anfeuchten, die obere Hälfte überklappen, beide Hälften am Rand zusammendrücken.

Backblech mit Backtrennpapier auslegen, Teigtaschen drauflegen, mit Gabel den Blätterteig einstechen, die Taschen mit kaltem Wasser, ggf. mit Eigelb bepinseln.

Bei Heißluft 180°Ca. 12-15 Min. garen.

Birne mit Roquefortfüllung

Für 4 Personen

4 Birnen evtl. auch aus der Dose,
125 g Sahnequark,
125 g Roquefortkäse,
1 EL Zitronensaft,
1 Bd. Petersilie,
1 Bd. Dill,
1 Bd. Schnittlauch,
8 blaue Weintrauben,
8 Walnusskerne

Die Birnen waschen, halbieren und das Kerngehäuse entfernen. In etwas gesüßtem Wasser ca. 10 Min. gar dünsten.

Quark, Roquefortkäse und Zitronensaft schaumig rühren.

Die Kräuter kleinschneiden und unter die Käsecreme mischen. Die Weintrauben halbieren.

Die fertige Creme in einen Spritzbeutel füllen und in die Birnen spritzen. Mit Weintrauben und Walnusskernen garnieren. Auch gut als Beilage zu Wild geeignet.

Hauptgerichte

Ente Orange

Für 4 Personen

1 deutsche Flugente,
Salz,
weißer Pfeffer,
2 Orangen,
2 säuerl. Äpfel,
40 cm Bratschlauch

Ente waschen, trocken tupfen, innen und außen salzen und leicht pfeffern.

Die Orangen schälen, vierteln, Äpfel schälen, Kerngehäuse ausschneiden, in Viertel schneiden und die Ente damit füllen. Öffnung mit Holzspieß zustecken.

Die Ente in den Bratschlauch legen und die Enden zubinden, die Folie 2–3 mal einstechen.

Ente mit dem Rücken auf den Rost legen, bei 200 °C 80-90 Min. backen.

Nach Ende der Garzeit die Folie einschneiden und den Bratensaft in einen Topf gießen.

Eine Soße zubereiten, mit frischem Orangensaft und Sherry abschmecken.

Die Ente tranchieren, mit Orangenscheiben anrichten.

Salzkartoffeln und Rotkohl dazu reichen.

Ente Orange

Entenkeule mit Steckrüben

Für 4 Personen

4 Entenkeulen (ca. 1,2 kg),
1 kg Steckrübe,
600 g Gemüsezwiebeln,
Salz,
gem. Nelkenpfeffer,
20 g Butterschmalz,
2 Lorbeerblätter,
400 ml Geflügelfond,
700 g festkochende Kartoffeln,
40 g Butter,
Pfeffer aus der Mühle

Die Steckrüben waschen, schälen und in ca. 2 cm große Würfel schneiden.

Zwiebeln pellen und in Spalten schneiden.

Die Entenkeulen rundherum mit Salz und Nelkenpfeffer einreiben.

Butterschmalz in einem breiten Bräter erhitzen. Entenkeule von allen Seiten im Schmalz anbraten, aus dem Bräter nehmen.

Zwiebelspalten, Lorbeerblätter und Steckrübenwürfel im Fett kurz anbraten und mit Geflügelfond ablöschen.

Die Keule darauf legen und im vorgeheizten Backofen bei 200 °C (Gas Stufe 3) ca. 40 Min. schmoren. Dabei ab und an umrühren.

Die Kartoffeln schälen und als Salzkartoffeln ca. 25 Min. garen. Kartoffeln abgießen und durch die Kartoffelpresse drücken.

Butter bräunen und über den Kartoffelschnee gießen. Schmorgemüse mit Salz und Pfeffer abschmecken, mit Kartoffelschnee servieren.

Rosenkohlauflauf mit Hühnchenbrustfilet

Für 4 Personen

600 g Rosenkohl,
1 EL Butter,
Salz,
500 g Hühnerbrustfilet,
2 EL Öl,
500 g Tomaten,
150 ml Sahne,
1 TL Thymian,
Salz, Pfeffer,
Muskat,
Paprika edelsüß,
2 Eigelb,
125 g Mozzarella,
50 g Pinienkerne,
100 g Emmentaler

Rosenkohl putzen, garen und abtropfen lassen. Butter und Salz untermischen.

Hühnerbrustfilet in Öl braten und in Streifen schneiden.

Die Tomaten in Scheiben schneiden, nebeneinander mit obigen Zutaten in gefettete Auflaufform setzen. Sahne, Gewürze und Eigelb verrühren und darüber gießen.

Den Mozzarella würfeln mit Pinienkernen und ger. Emmentaler über das Gericht streuen.

Bei 200 °C ca. 30 Min. garen.

Hähnchenbrustfilet mit Senfkruste

Für 2 Personen

4 Hähnchenbrustfilet,
3 Eiweiß,
3 EL körniger Senf,
3 EL Semmelbrösel,
2 TL Senfpulver

Das Fleisch pfeffern und salzen, in eine gefettete Auflaufform legen.

Eiweiß steif schlagen, Senf, Semmelbrösel und Senfpulver vorsichtig unter den Eischnee heben.

Die Eiweißmasse über das Fleisch geben.

60 g Butterflöckchen darauf verteilen und 20 Min. bei 225 °C backen.

Mit Schnittlauchröllchen bestreuen und mit Baguette servieren.

Hähnchenauflauf

Für 4 Personen

2 Hähnchenbrüste insgesamt 800 g, Salz, Pfeffer, Butterschmalz, 1 gr. Zwiebel, 1 D. Pfirsiche, 1 B. Crème fraîche, 1 Ei, etwas Pfirsichsaft, 1 Pr. Salz, 1 Pr. Pfeffer, 125 g Edamer	Hähnchenfleisch in mundgerechte Stücke schneiden, würzen und in etwas Butterschmalz anbraten. Anschließend in eine Auflaufform legen. Im selben Fett die Zwiebel kurz anbraten und über das Fleisch geben. Die Pfirsiche in Spalten schneiden, ebenfalls kurz anbraten und auch übers Fleisch geben. Crème fraîche mit den Gewürzen mischen und über das Fleisch mit Pfirsichen geben. Den Käse zum Überbacken auf die Crème fraîche Masse geben. Bei 200 °C ca. 30 Min. garen.

Kasslerbraten mit Kruste

Für 4 Personen

1 kg Kassler-Kotelett ohne Knochen, 1 rote Chilischote, 1 Frühlingszwiebel, 50 g Wallnusskerne, 1 Scheibe Weißbrot, 120 g Apfel-Chutney	Chilischote längs einritzen und entkernen, Frühlingszwiebel putzen, beides fein hacken. Wallnusskerne hacken, Brot würfeln und alles mit dem Apfel-Chutney vermischen. Kassler in einen Bräter legen, die Chutney-Mischung auf dem Fleisch verteilen und im Backofen ca. 1 Stunde bei 180–200 °C garen. Dazu schmeckt Kartoffelsalat oder Brot.

Orangenkoteletts

Für 4 Personen

6 Koteletts,
Senfpulver,
Salz,
Pfeffer,
6–8 Zwiebeln,
1/4 l frisch gepr. Orangensaft,
3/8 l Tomatenketchup,
1 Knoblauchzehe,
1 B. Sahne

Die Koteletts in einer Mischung aus Senfpulver, Salz und Pfeffer panieren, von beiden Seiten kurz anbraten.

Die Zwiebeln in Ringe schneiden und in der Pfanne anbraten. Koteletts und Zwiebeln in eine Auflaufform geben.

Die Pfanne mit Orangensaft und Tomatenketchup ablöschen. Die Flüssigkeit über die Koteletts gießen.

Knoblauchzehe mit in die Auflaufform legen. Bei 200 °C 30 Min. backen.

Vor dem Servieren die sehr steif geschlagene Sahne auf das heiße Fleisch geben (verläuft sehr dekorativ).

Dazu Baguette oder Reis und Salat.

Geschnetzeltes mit Sojasprossen

Für 4 Personen

6 Schnitzel,
4 große Zwiebeln,
je 1 rote, grüne, gelbe Paprika,
1 Glas geschnittene Pilze,
2 Gläser Sojasprossenkeimlinge,
Salz,
Pfeffer,
1 EL Soßenbinder
2 EL Crème fraîche

Fleisch in Streifen schneiden, Zwiebeln und Paprika würfeln.

Die Zutaten der Reihe nach anbraten, mit 1 l Wasser ablöschen und 1/2 Stunde köcheln.

Mit Sojasoße, Paprikapulver abschmecken und abschmecken, binden.

Dazu reicht man Reis und Salat.

Gefülltes Kräuterfilet

Für 4 Personen

2 Schweinefilets à 300 g,
2 EL Kräutersenf,
3 EL Kräuterfrischkäse,
4 Schalotten,
1/2 Bd. Schnittlauch,
1/2 Bd. Petersilie,
1/2 Bd. Estragon,
1 P. TK 8-Kräuter,
etwas Öl

In die Filets eine Tasche schneiden.

Senf, Käse, gewürfelte Zwiebeln und Kräuter mischen.

Das Fleisch damit füllen und die Öffnung zustecken.
Das Fleisch mit Öl bepinseln und ca. 20 Min. grillen.

Roastbeef mit frischen Champignons

Für 4–6 Personen

1 kg Roastbeef,
Salz,
Pfeffer,
2 EL Ketchup,
2 EL gekörnter Senf,
3 EL Wasser,
300 g Champignons,
1/4 l Wasser,
1 B. Crème fraîche,
2 EL Mehl

Die Höhe des Fleisches messen!
Das Fleisch trocken tupfen, kräftig salzen und pfeffern, mit Ketchup und Senf einstreichen.

Im Bräter mit etwas Wasser in den vorgeheizten Ofen auf die untere Schiene stellen.
Deckel auf den Bräter. Man rechnet pro cm Höhe 10 Min. Bratzeit. Bei 6 cm also eine Stunde.

Nach ca. 30 Min. Deckel vom Bräter abnehmen, die geputzten Champignons zum Fleisch geben weitere 30 Min. ohne Deckel braten.
Das Wasser auffüllen. Fleisch heraus nehmen, beiseite stellen.

Soße mit in Wasser angerührtem Mehl oder etwas Soßenbinder binden und mit Crème fraîche abschmecken.

Fleisch in Scheiben schneiden, mit Pilzen und Soße anrichten.

Kleine Salzkartoffeln und Salate dazu reichen.

Roastbeef mit frischen Champignons, Fenchelsalat mit Orangen, Rotkohlsalat

Schweinefilet mit Gorgonzola

Für 10 Personen

2,0–2,5 kg Schweinefilet (oder Rind), 500 g durchw. Speck, einige Knoblauchzehen, 500 g Gorgonzola, 3 x 200 g Crème fraîche

Filet in Scheiben schneiden und mit Speck umwickeln.

Auf einem gefetteten Backblech oder in einer Auflaufform verteilen.

Den gepreßten oder zerhackten Knoblauch darüber geben. Bei 200 °C ca. 15–20 Min. braten, bis der Speck braun und knusprig wird.

Auf jede Filetscheibe ein Stück Gorgonzola legen und 1 EL Crème fraîche pro Stück darauf verteilen.

Noch einmal bei 200 °C ca. 15 Min. in den Ofen bis alles gut verlaufen ist.

Dazu passt: Fladenbrot, Kroketten, Brokkoli, grüner gemischter Salat oder auch Reis.

Meerrettichsoße kalt

Für 4 Personen – Foto siehe Seite 217

4 EL Miracelwip, Schale von 1 Zitrone, 2 EL geriebener Meerrettich, 1 Msp. Cayennepfeffer, 4 EL (knapp) Weinessig, 2 gestr. TL Zucker, 10 EL Schlagsahne, 1 Bd. Petersilie, 1 Bd. Brunnenkresse od. 1/2 Karton Gartenkresse

Mayonnaise mit Gewürzzutaten verschlagen, Sahne halbsteif schlagen und vorsichtig unter die Mayonnaise heben.

Kräuter waschen, fein hacken und unter die Soße mischen.

Diese Soße passt zu Gemüse-, Blattsalaten, Champignon-, Eiersalat, zu Aufschnitt bzw. Roastbeef oder Raclette

Kräutersoße

Für 4 Personen

100 g Salat Mayonnaise,
2 B. Joghurt, saure Sahne oder Crème fraîche,
1 Ei,
5 EL gehackte Kräuter,
Salz,
1 Pr. Pfeffer,
evtl. etwas Senf,
1 Spritzer Zitronensaft,
Kräuter z.B. Petersilie, Schnittlauch, Dill, Kerbel, Liebstöckel, Pimpinelle, Zitronenmelisse, Basilikum usw.

Das Ei hart kochen und hacken.

Mayonnaise und Joghurt verschlagen, übrige Zutaten hinzugeben und verrühren.

Diese erfrischende Soße eignet sich als Beigabe zu hartgekochten Eiern, kaltem Fleisch und Pellkartoffeln.

Statt Mayonnaise kann auch 200 g Magerquark mit 1 Becher Joghurt verschlagen werden.

Rinderfilet in Zigeunersoße

Für 4 Personen

1 kg Rinderfilet,
Butterschmalz,
Salz,
Pfeffer,
1 Glas Pilze,
2 Zwiebeln,
1 Flasche Zigeunersoße,
1 B. Sahne

Filet in 3 cm dicke Scheiben schneiden und mit Salz und Pfeffer würzen, dann im heißen Butterschmalz braten. (Medium ca. 5 Min. pro Seite).

Fleisch in eine Auflaufform geben, Zwiebeln anbraten, Pilze dazugeben, kurz dünsten, Zigeunersoße dazugeben und mit Sahne löschen.

Die Soße über das Fleisch geben. Dazu reicht man Reis oder Backofenkroketten und Salat.

Raclette

Ein leckeres, unterhaltsames Partyessen, ideal auch an Weihnachts-, Silvesterabenden.

Zum Überbacken eignet sich zartes Rinder- und Schweinefilet, Hähnchenschnitzel, Lachs oder Schinken- und Mettwurstscheiben.

Probieren Sie einmal Ananas, Bananen, Champignons, Tomaten und andere Obst- und Gemüsesorten zum Überbacken aus.

Als Beilagen reichen wir Pellkartoffeln, Kräuterbrot, Baguette, leckere Dips und pikante Soßen.

Currysoße kalt

Für 4 Personen

1 gr. säuerlicher Apfel (Boskop),
1 Zwiebel,
1/8 l Buttermilch,
4 EL Kondensmilch,
5 EL Currypulver (gestrichen),
1 1/2 EL Zucker (gestrichen),
3 EL Weißwein,
4 EL Öl,
2 EL Essig,
2 EL Mayonnaise,
3 EL saure oder süße Sahne,
1 Bd. geschnittener Schnittlauch

Apfel und Zwiebel schälen, in Würfel schneiden und mit der Milch, dem Curry, Zucker und Weißwein 15 Min. kochen.

Der Apfel soll halb zerkocht und musartig sein. Anschließend Öl, Essig, Mayonnaise und Sahne mit dem Schneebesen unterziehen.

Schnittlauch zum Schluss unter die Soße mischen.

Diese Soße eignet sich für Geflügel, Seefischsalat sowie Kalbfleisch und ist auch zu Gerichten bzw. Salaten mit Reis zu verwenden.

Raclette, Asiatische Currysoße und Meerrettichsoße kalt

Original Zwiebelrindfleisch

Für 4 Personen

1 kg schieres Rindfleisch, Weinessig, Pfeffer, 6 EL Rapsöl, 1/2 l Rotwein, Petersilie, Lorbeer, Thymian, 1 Möhre, 1 Zwiebel, Nelken, 4 Zwiebeln, 1/2 Porreestange, Salz, Pfeffer, 2 cl Cognac, 2 EL Mehl, etwas Sahne	Das Rindfleisch in Scheiben schneiden. Die nächsten 10 Zutaten in einen Topf geben und 10 Min. durchkochen. Die Beize über das Fleisch geben und 1 Nacht durchziehen lassen. Zwiebeln und Porree putzen und in feine Ringe schneiden. Das Fleisch aus der Beize nehmen und mit Zwiebeln und Porree in einen Topf schichten. Die Beize durch ein Sieb geben und mit Salz, Pfeffer und Cognac ebenfalls zum Fleisch geben und ca. 90 Min. garen (Im Schnellkochtopf 30 Min.). Mehl und Sahne verrühren und die Soße damit binden.

Rinderbraten in Rotwein

Für 4 Personen

1 kg Rinderbraten, Salz, Pfeffer, 3 Tassen Rotwein, 2 Lorbeerblätter, 1 TL geh. Petersilie, etwas Thymian, 2 EL Butterschmalz, 2 Zwiebeln, 2 Möhren, 2 Tomaten, 1 Stange Porree, 1 Tasse Wasser, 3 EL Crème fraîche	Das Fleisch würzen in der Rotweinmarinade ca. 24 Std. einlegen. Mehrere Male wenden. Trocken tupfen, in Butterschmalz anbraten. Gemüse und Wasser zugeben, im geschlossenen Bräter im vorgeheizten Backofen bei 200 °C ca. 2 Std. schmoren lassen. Porree heraus nehmen. Soßensud mit dem Gemüse pürieren und mit Crème fraîche abschmecken.

Steckrübeneintopf

Für 4 Personen

1 kg Steckrüben,
4 Möhren,
2 Stangen Porree,
1 l Wasser,
Salz,
Pfeffer,
Zucker,
500 g Kassler oder geräucherter Bauch,
4 Kohlwürste

Steckrüben waschen, putzen, klein schneiden, Möhren waschen, schälen, in Würfel schneiden, Porree waschen und in Ringe schneiden.

Wasser zum Kochen bringen, Gemüse zugeben und mit Salz, Pfeffer und Zucker würzen.

Fleisch waschen und mit dem Gemüse 1 bis 1 1/2 Stunden garen.

Zum Schluß die Kohlwürste noch 10 Min. mitgaren und abschmecken.

Sehr gut schmecken auch in Scheiben geschnittene Cabanossiwürste mitgegart dazu.

Gabys Geflügelgulasch

Für 4 Personen

ca. 800 g Hähnchenschnitzel oder Putenbrust,
1 EL Butter,
1 Zwiebel,
Salz,
Pfeffer,
2 Tassen Wasser,
15 getrocknete Aprikosen,
2 EL Zitronensaft,
1–2 EL Zucker,
1 Tasse Granatapfelsaft oder Orangensaft oder Apfelsaft,
1 EL Mehl,
2 EL Sahne

Hähnchenfleisch und Zwiebeln würfeln, in Butter anbraten, würzen und ablöschen.

Ca. 10 Min. gar schmoren.

Die getr. Aprikosen, Saft und Zucker hinzufügen ca. 10 Min. weitergaren.

Mehl und Sahne verrühren, Fond damit binden. Abschmecken.

Dazu paßt Reis und Salat.

Steckrüben-Kartoffelgratin

Für 4 Personen

500 g Steckrüben, 500 g Kartoffeln, 100 g durchw. Speck, 200 g Kräuter-Frischkäse, 200 g Sahne, 100 g Milch, Salz, Pfeffer, 75 g ger. Käse	Steckrüben und Kartoffeln schälen, waschen und mit der Schneidescheibe der Küchenmaschine zerkleinern, beides in eine gefettete Auflaufform schichten und den gewürfelten Speck darüber geben. Käse, Sahne und Milch verrühren, mit Salz und Pfeffer würzen und über das Gemüse gießen. Mit geriebenem Käse bestreuen und bei 200 °C (Umluft 160 °C) 60–70 Min. backen.

Spanischer Eintopf

Für 4 Personen

125 g weiße Bohnen, 1/2 l Wasser, oder 1 Dose weiße Bohnen (fertig), 250 g durchw. Speck, 1 Stange Porree, 500 g Weißkohl, 500 g Wurzeln, 500 g Kartoffeln, 1 l Brühe oder Wasser, Salz, Kümmel	Bohnen im Wasser ca. 2 Stunden gar kochen. Speck würfeln, Porree in Ringe schneiden und mit dem Speck etwas anbraten. Brühe zufügen. Den geschnittenen Weißkohl, die zerkleinerten Wurzeln und Kartoffeln zufügen und alles etwa 1 Stunde kochen lassen. Mit Salz und Kümmel kräftig abschmecken. Zum Schluß die Bohnen zugeben und alles verrühren.

Deftiger Grünkohlauflauf

Für 4 Personen

- 800 g Grünkohl,
- 2 Zwiebeln,
- 40 g Butterschmalz,
- Salz,
- Pfeffer,
- 1/8 l Gemüsebrühe,
- 2 EL saure Sahne,
- 2 EL Tomatenmark,
- 1 TL Paprika,
- 1 TL Muskat,
- 500 g Pellkartoffeln,
- 20 g Butterschmalz,
- 150 g ger. Gouda,
- 50 g Mandelblättchen

Den Grünkohl putzen, waschen und hacken.

Die Zwiebeln würfeln und mit Butterschmalz, Salz, Pfeffer und Gemüsebrühe zum Grünkohl geben. 30 Min. garen.

Sahne, Tomatenmark und Gewürze unter den Grünkohl rühren.

Pellkartoffeln abziehen und würfeln, mit dem Grünkohl vermischen.

Eine Auflaufform fetten, Grünkohl/Kartoffeln einfüllen und mit Butterflocken, Gouda und Mandelblättchen belegen.

Bei 200 °C ca. 15 Min. überbacken.

Grünkohl-Hackfleischtopf

Für 4 Personen

- 500 g Grünkohl,
- 1/4 l Salzwasser,
- 1 EL Öl,
- 50–100 g durchw. Speck,
- 1 Zwiebel,
- 400 g Hackfleisch,
- Salz,
- Pfeffer,
- 1 kl. Dose Tomaten,
- 2-3 TL Senf,
- Paprika rosenscharf

Den Grünkohl putzen, waschen, blanchieren, hacken, im Salzwasser garen und abtropfen lassen.

Speck würfeln und im Öl auslassen. Zwiebel würfeln und andünsten, das Hackfleisch dazugeben, anbraten und mit Salz und Pfeffer würzen.

Zum abgetropften Grünkohl Tomaten und Senf dazugeben und 15 Min. köcheln lassen. Mit Paprika abschmecken.

Dazu: Baguette oder gegarte Kartoffelwürfel.

Lasagne mit Grünkohl und Steinpilzen

Lasagne mit Grünkohl und Steinpilzen

Für 4 Personen – Zubereitungszeit: 100 Min.

20 g Steinpilze,
400 g Grünkohl,
1 große Zwiebel,
2 EL Olivenöl,
1 EL Mehl,
300 g passierte Tomaten,
200 g süße Sahne,
100 g Emmentaler oder Pecaino,
8 Lasagneplatten (ohne Vorkochen),
1 Bd. Petersilie,
Salz,
Pfeffer,
Thymian

Pilze mit 1/2 Liter kochendem Wasser übergießen und 1 Std. quellen lassen. Die eingeweichten Pilze in ein Sieb abgießen, das Einweichwaser auffangen. Die Pilze klein schneiden, das Wasser durch eine Filtertüte gießen um Sandreste zu entfernen.

Den Grünkohl putzen, waschen und in Streifen schneiden. Die Zwiebel abziehen und fein würfeln. Die Petersilie waschen und hacken.

Die Zwiebeln in heißem Öl anbraten, Pilze dazugeben, das Mehl darüber sieben und kurz anschwitzen.

Mit dem Einweichwasser aufgießen.

Die Kohlstreifen dazugeben und die Gemüsesoße 15 Min. etwas einkochen lassen.

Tomaten, Petersilie und die Sahne in die Soße einrühren. (Die Soße soll noch relativ flüssig sein). Mit Salz, Pfeffer und Thymian würzen, den Käse reiben.

Die Auflaufform abwechselnd mit Nudelplatten, Gemüsesoße und Käse befüllen. Mit Soße und Käse abschließen.

Die Nudelplatten mit einem Löffel etwas andrücken, damit Sie vollständig bedeckt sind.

Die Lasagne in den heißen Ofen bei180 °C (mittlere Schiene) stellen und etwa 40-45 Min. backen, bis die Nudeln weich sind (zur Probe mit einer Gabel einstechen).

Rosenkohl-Kartoffelpfanne

Rosenkohl-Kartoffelpfanne

Für 4 Personen

500 g frischer oder TK Rosenkohl,
Salz,
ca. 800 g kl. Kartoffeln,
etwas Öl,
Pfeffer,
evtl. Kümmel,
2 Knoblauchzehen,
ca. 200 g durchw. Speck in dünnen Scheiben,
1 B. Crème fraîche,
2 Ecken Schmelzkäse

Frischen Rosenkohl putzen, unten kreuzweise einschneiden und im Salzwasser ca. 15 Min. garen.

Tiefgefrorenen Rosenkohl ca. 8-10 Min. vorgaren.

Kartoffeln schälen, vierteln und in Öl anbraten, würzen. Knoblauch dazu pressen, Rosenkohl abgießen, Speckscheiben quer halbieren und den Rosenkohl darin einrollen.

Rosenkohl zu den Kartoffeln in die Pfanne geben und alles zusammen noch ca. 15 Min. garen.

Vorsichtig wenden! Abschmecken.

Tipp: Schneller und bequemer geht's wenn Sie den Speck in breite Streifen schneiden und dann zusammen mit dem Rosenkohl zu den Kartoffeln in die Pfanne geben und garen.

1 Becher Crème fraîche oder eine helle Soße von 1/4 l Gemüsebrühe bereiten, dazugeben mit 2 Ecken Schmelzkäse abschmecken.

Sauerkrautquiche

Für 4–6 Personen

Teig:
350 g Weizenvollkornmehl,
200 g Magerquark,
6 EL Sonnenblumenöl,
2 TL Backpulver

Belag:
1 EL Butterschmalz,
100 g durchw. Speck,
2 Zwiebeln,
500 g Sauerkraut,
2 Wacholderbeeren,
1 Lorbeerblatt,
300 ml Apfelsaft oder Apfelwein,
Salz,
Pfeffer,
2 Äpfel,
1 mehlig kochende Kartoffel

Guss:
200 g Schmand,
100 g Sahne,
2 Eier,
1 EL frisch gehackter Majoran,
50 g Gouda

Aus Mehl, Quark, Öl und Backpulver einen Teig herstellen und 30 Min. kalt stellen.

Speck und Zwiebeln würfeln und in Butterschmalz andünsten.

Sauerkraut, Wachholderbeeren und Lorbeerblatt dazugeben und mit Apfelsaft oder Cidre auffüllen.

Mit Salz und Pfeffer würzen und bei schwacher Hitze ca. 15 Min. schmoren.

Äpfel schälen, vierteln und in dünne Scheiben schneiden.

Die Kartoffeln schälen und fein reiben.

Beides zum Sauerkraut geben und 10 Min. weiterschmoren.

Für den Guss Schmand, Sahne, Eier, Salz und Pfeffer verrühren, Majoran und Gouda unterheben.

Den Teig ausrollen, auf ein gefettetes Backblech oder in eine feuerfeste Form legen und einen Rand formen.

Die Sauerkrautmasse auf den Teig geben und den Guss darüber gießen.

Bei 175 °C 30 Min. backen.

Sauerkrautquiche

Sauerkraut Nudelpfanne

Für 4 Personen

1 EL Öl, 100 g durchw. Speck, 3 Zwiebeln, 1 D. (850 ml) Sauerkraut, 1/8 l Brühe, 200 g Crème fraîche, Pfeffer, Salz, Dill, 250 g Pennenudeln	Den Speck würfeln, in Öl knusprig ausbraten und beiseite stellen. Zwiebeln würfeln und mit dem Sauerkraut schmoren. Die Brühe dazugeben. Crème fraîche, Pfeffer, Salz und Dill mit dem Kraut mischen. Pennenudeln garen und unter das Kraut heben. Zum Schluss Speckwürfel dazugeben.

Blätterteig-Kohlrollen

Für 4 Personen

250 g Mehl, 1 Pr. Salz, 1 Pr. Backpulver, 250 g Quark, 250 g Butter, ca. 450 g Weißkohl, etwas gem. Kümmel, 250 g Hackfleisch, 2 Zwiebeln, 1 Tomate, 150 g Gouda, 6 Scheiben Mettwurst, 2 Eier, 2 EL Paniermehl, Salz, Pfeffer, frische Kräuter nach Geschmack	Aus Mehl, Salz, Backpulver, Quark und Butter einen Quarkblätterteig herstellen und 1/2 Tag kalt stellen. Weißkohl fein schneiden, kurz in gesalzenem Wasser blanchieren, abtropfen und abkühlen lassen. Zwiebeln, Tomate, Käse und Wurst würfeln. Aus den restlichen Zutaten einen Teig herstellen, mit dem abgekühlten Kohl vermengen. Nochmals pikant abschmecken. Den Teig ausrollen für 14 Rechtecke, je ca. 12–15 cm groß. Mit Kohl-Hackfleischmischung füllen, zu Rollen formen und andrücken. Die Naht nach unten auf das Backblech legen. Mit Eigelbmilch bestreichen. Im vorgeheizten Backofen bei 225 °C ca. 35 Min. backen. Dazu Remouladensoße reichen. Man kann auch TK Blätterteig verwenden.

Makkaroniauflauf mit Spinat

Für 4 Personen

1 EL Butter,
1 mittelgroße Zwiebeln,
150 g Mett,
150 g frische Champignons (evtl. auch aus der Dose),
250 g Spinat (oder TK Spinat),
Salz,
Pfeffer,
250 g Makkaroni,
2 EL Butter,
3 EL Mehl,
1/4 l Instant Brühe,
1/4 l Milch,
100 g Parmesan Käse (evtl. milder Gouda),
3 EL Paniermehl,
1 EL Butter

Die Zwiebeln schälen, würfeln und in Butter andünsten.

Das Mett dazugeben und anschmoren.

Die Pilze säubern, in Scheiben schneiden und mitdünsten.

Den Spinat säubern, putzen, gründlich abtropfen lassen, in die Hackmasse geben und mitdünsten lassen.

Mit Salz und Pfeffer würzen und alles zur Seite stellen.

Die Makkaroni in reichlich Salzwasser ca. 8 Min. bißfest garen, abgießen und zur Seite stellen.

Die Butter erhitzen, das Mehl darin anschwitzen, mit der Brühe ablöschen und ca. 5 Min. kochen lassen.

Parmesan reiben, die Hälfte in die Soße geben und abschmecken.

Die Nudeln abwechselnd mit Mettmischung und Soße in eine feuerfeste Form schichten.

Mit dem restlichen Käse und Paniermehl bestreuen und Butterflöckchen darauf verteilen.

Im vorgeheizten Backofen ca. 20 Min. goldgelb backen. (E Herd 200 °C, Umluft 180 °C)

Lauch-Apfel Quiche

Für 4–6 Personen

3 Scheiben TK Blätterteig (225 g),
600 g feinen Lauch,
2 EL Butter,
1 Knoblauchzehe,
Salz,
Pfeffer,
2 kleine säuerliche Äpfel,
2 EL Zitronensaft,
100 g Gouda,
3 Eier,
250 g Sahne,
3 EL Sonnenblumenkerne

Blätterteig nebeneinander legen und zugedeckt auftauen lassen, Lauch putzen, längs aufschlitzen und gründlich waschen.

Dann trocken schütteln und in schmale Streifen schneiden.

Butter in einer Pfanne aufschäumen lassen und den Lauch darin andünsten.

Knoblauch schälen und durch eine Knoblauchpresse in die Pfanne geben.

Mit Salz und Pfeffer würzen und 5 Min. garen. Backofen auf 200 °C vorheizen.

Blätterteigplatten aufeinanderlegen und auf wenig Mehl zu einem dünnen Kreis ausrollen.

Eine feuerfeste Form (24 cm Durchmesser) mit kaltem Wasser ausspülen und nicht abtrocknen.

Den Teig darin auslegen und den überstehenden Teig abschneiden.

Die Äpfel vierteln, schälen oder waschen und entkernen. Die Viertel in Spalten schneiden und sofort mit Zitronensaft beträufeln.

Anschließend zum Lauch geben, vermischen und auf dem Blätterteig verteilen.

Den Käse reiben, mit den Eiern und der Sahne verquirlen und über den Lauch träufeln.

Sonnenblumenkerne aufstreuen und die Quiche im Ofen (Mitte) Umluft 180 °C 30 Min. backen.

Beilagen und Salate

Salatsoße für grünen Salat und Chinakohl

Für 4 Personen

4 EL Tomatenketchup,
2 EL Öl,
1 Zwiebel,
2 EL Wasser,
1 EL Kräutersenf,
1–2 EL Essig,
Salz,
Zucker,
Pfeffer

Die Zwiebel würfeln, mit den anderen Zutaten verrühren und über den Salat geben.

Kräutersoße mit Ei

Für 4 Personen

5 Eier,
1/2 Tasse Rapsöl,
1 B. Schmand oder Créme fraîche,
1/2 TL Salz,
1/2 TL Zucker,
1 TL Senf,
1 P. TK 8-Kräuter,
1/2 P. TK Schnittlauch,
1/2 Kästchen Kresse

Die Eier hart kochen und trennen.

Das Eiweiß würfeln und beiseite stellen.

Das Eigelb mit Rapsöl und Schmand glattrühren, mit Salz, Zucker und Pfeffer abschmecken die Kräuter und die Eiweißwürfel unterrühren.

Die Soße passt hervorragend zu kaltem Fleisch, Fondue, Raclette oder Matjes.

Rotkohlsalat I

Für 4 Personen – Foto siehe Seite 217

500 g Rotkohl, 2 Äpfel,	Den Rotkohl raspeln.
2 kl. Ananas (oder kleine D. Ananasstücke),	Die Äpfel entkernen und ebenfalls grob raspeln.
2 EL Walnusskerne, 1 Zitronensaft,	Die Ananas in Stücke schneiden.
3 EL Orangensaft, 2 EL Sherry,	Die Walnusskerne hacken.
1 Msp. Zimt, 5 EL Öl, Salz, Pfeffer, Zucker	Die restlichen Zutaten verquirlen und mit den Salatzutaten ca. 2-3 Stunden durchziehen lassen.

Rotkohlsalat II

Für 4 Personen

Saft einer halben Zitrone, 2 EL geh. Haselnüsse,	Zitronensaft, Haselnüsse, Rosinen, Honig und Öl miteinander verrühren und abschmecken.
50 g Rosinen, 1 EL Honig, 4 EL Öl, 250g Rotkohl, 1 Orange oder Mandarinen, 1 Banane, 2 Äpfel	Den Rotkohl fein hobeln, die Orange, Banane und die Äpfel würfeln und mit den anderen Zutaten vermengen und gut durchziehen lassen.

Rote Beetesalat mit Orangen

Für 4 Personen

250 g Rote Beete, 200 g Bleichsellerie, 3 Orangen, 30 ml Weißweinessig, 80 ml Öl, 1/2 Orangenschale, 2 EL Schnittlauchröllchen, Salz, Pfeffer	Die Rote Beete 30–45 Minuten garen und in Scheiben schneiden. Den Sellerie in 1 cm dicke Stücke schneiden, 1/2 Minute blanchieren und abschrecken. Die Orangen filetieren. Mit den restlichen Zutaten eine Soße herstellen, mit dem Salat vermischen und durchziehen lassen.

Weißkohlsalat

Für 8–10 Personen

1 1/2 kg Weißkohl, 1/4 l Kräuteressig, 1/4 l Wasser, 1/8 l Öl, 250g Zucker, Salz, Pfeffer, 1 rote Paprika, 1 grüne Paprika, Schafskäse	Den Weißkohl zerkleinern und grob raspeln. Essig, Wasser, Öl, Zucker, Salz, und Pfeffer aufkochen und unter den Weißkohl geben. Paprika ganz fein schneiden und über den abgekühlten Salat geben. Den gewürfelten Schafskäse darauf verteilen.

Bunter Wintersalat

Für 4 Personen

100 g Feldsalat, 300 g Chicoree, 3 Frühlingszwiebeln, 200 g Zucchini, 1 kleiner Apfel, 2 Kiwis, 200 g Maiskörner aus der Dose, 4 EL Mascarpone (ital. Frischkäse), 2 EL Zitronensaft, 3 EL Ahornsirup, Salz, Pfeffer, 1 EL Olivenöl, 3 EL Schnittlauchröllchen	Feldsalat waschen, putzen und abtropfen lassen. Vom Chicoree die schlechten Blätter entfernen, die Stauden waschen, am Wurzelende den bitteren Keil herausschneiden und die Stauden in feine Streifen schneiden. Frühlingszwiebeln putzen, waschen und in feine Ringe schneiden. Kiwis schälen, vierteln, die Stielansätze ausschneiden und in Scheiben schneiden. Alles mit den Maiskörnern mischen. Mascarpone mit Zitronensaft, Sirup, etwas Salz und Pfeffer und dem Öl verrühren, unter den Salat heben und mit den Schnittlauchröllchen bestreuen.

Chicoreesalat

Für 4 Personen

500 g Chicoree, 2 Orangen, 60 g gehackte Mandeln, 1 B. Crème fraîche, Zitrone, Zucker, Salz, Pfeffer	Den Chicoree vom bitteren Strunck befreien und in feine Streifen schneiden. Die Orangen in Würfel schneiden. Die Mandeln leicht anrösten. Aus den anderen Zutaten eine Soße herstellen und über den Salat geben.

Sauerkraut-Mangosalat

Für 4 Personen

1 Mango (450 g), 3 Zwiebeln, 450 g Sauerkraut, 125 ml Apfelsaft, 125 ml Weißwein, 1 Bund Petersilie	Die Mango schälen, entsteinen und würfeln. Die Zwiebeln hacken und alles vermischen

Wintersalat

Für 4 Personen

2 Möhren, 1–2 Knollen Rote Beete, 1/8 Sellerieknolle, 1–2 Äpfel, 2 EL Balsmico-Essig, 4 EL Kondensmilch, 2 EL Öl, 1/2 TL Meerrettich, Salz, frische Kräuter, Pfeffer	Aus Essig, Milch, Öl, Meerrettich, Salz, Pfeffer und den Kräutern eine Marinade herstellen. Die Möhren, die Rote Beete, den Sellerie und die Äpfel schälen und fein raspeln und sofort zur Marinade geben. Eventuell mit Rosinen, Sesam oder Sonnenblumenkernen überstreuen.

Orangensalat

Für 4 Personen

4 Orangen, 2 gr. Paprika, 1 D. Mais, 2 P. Salatkrönung, Zitronensaft, Wasser, Öl, Zucker, Salz, Pfeffer, Senf	Die Orangen schälen und zerteilen, Paprika waschen, putzen und kleinschneiden. Mais abtropfen lassen. Aus den übrigen Zutaten nach Vorschrift eine Marinade herstellen. Alles in eine Schüssel geben und ziehen lassen.

Grünkern-Bohnensalat

Für 4 Personen

125 g Grünkern (ganz),
1/4 l Brühe,
400 g Brechbohnen (Glas),
2 EL Öl,
2 EL Essig,
1 Knoblauchzehe,
Salz,
Pfeffer,
Basilikum,
Bohnenkraut,
100 g Zwiebeln,
200 g mittelalter Gouda

Den Grünkern mit der Brühe aufkochen, 30 Minuten köcheln und nachquellen lassen.

Die Bohnen aufkochen und abtropfen lassen.

Die Knoblauchzehe pressen, mit Öl, Essig, Salz, Pfeffer, Basilikum und dem Bohnenkraut eine Marinade herstellen, und unter die warmen Bohnen mischen. Grünkern ebenfalls dazugeben.

Die Zwiebeln fein würfen und unterheben.

Den Käse würfeln und mit dem (kalten) Salat mischen.

Paprikasalat

Für 4 Personen

500 g Paprika (rot und grün),
250 g Äpfel,
2 Zwiebeln,
2 Bananen,
4 EL Zitronensaft,
5 EL Öl (Rapsöl),
1 EL Sojasoße,
Salz,
Zucker

Paprika, Äpfel und Zwiebeln kleinschneiden. Zitronensaft, Öl, Sojasoße, Salz und Zucker mischen und über den Salat geben.

Die Banane kurz vor dem Servieren in Scheiben schneiden und dazugeben.

Fenchelsalat mit Orangen

Für 4 Personen – Foto siehe Seite 213

2 kl. Fenchelknollen, 2 kl. Äpfel, 1 Zitrone, 1 Orange, 2 EL geh. Nüsse, 150 g saure Sahne. 1/2 zerdrückte Banane, 1 TL Meerrettich, etwas Honig, Salz, Pfeffer, Estragon	Fenchel putzen und in kleine Stücke teilen, Äpfel raspeln, Orange in Stücke schneiden. Alles mit Zitronensaft beträufeln und mischen. Für die Marinade die saure Sahne, Banane, Meerrettich, Estragon und den Honig verrühren, mit Salz und Pfeffer würzen. Zusammen mit den Nüssen über den Salat geben und vorsichtig unterheben.

Fenchel-Paprikasalat

Für 4 Personen

150 g Fenchel, 1/2 rote Paprika, 1 großer Apfel, 150 g Joghurt, 2 TL Öl, etwas Essig, 1 EL geh. Kräuter, Salz, Pfeffer, Zucker	Den Fenchel sehr dünn schneiden. Paprika und Apfel würfeln. Alles vermischen. Aus Joghurt, Öl, Essig, Kräutern, Salz, Pfeffer und Zucker eine Salatsoße herstellen und über den Salat gießen.

Apfel-Chutney

1,5 kg säuerl. Äpfel, 500 g Zwiebeln, 500 g Zucker, 150 g Rosinen, 1 TL Salz, 1 Pr. gem. Nelken, 1 Pr. Pfeffer, 1/2 TL Curry, 1 1/2 Tassen Weinessig	Die Äpfel schälen und in Stücke schneiden. Die Zwiebel schälen und grob würfeln. Alles mischen und ca. 1 Stunde leise köcheln lassen. Heiß in Twist-off-Gläser füllen und sofort verschließen. Ergibt mehrere Gläser. Als Beilage zu Fleisch, Fondue und Wild.

Kräutersoße für Gemüse

Für 4 Personen

30 g Butter, 30 g Mehl, 3/8 l Gemüsebrühe, 1 B. Crème fraîche oder 2 Ecken Schmelzkäse oder 100 g Frischkäse, 1 P. TK 8-Kräuter	Aus den Zutaten eine helle Grundsoße bereiten, abschmecken und Kräuter untermischen. Passt zu vielen Gemüsearten wie Blumenkohl, Brokkoli, Rosenkohl, Porree o.ä.

Nachspeisen

Joghurt-Orangenspeise

Für 4 Personen

8 Bl. weiße Gelatine, 1/8 l Orangensaft, 1/8 l Wasser, 100 g Zucker, Orangengelb, 2 B. Joghurt	Die Gelatine einweichen und auflösen. Orangensaft, Wasser, Zucker und Orangengelb mischen, mit der gelösten Gelatine verrühren und kalt stellen. Wenn die Masse „Straßen zieht", den Joghurt unterziehen.

Tiramisu

Für 4 Personen

2 Eigelb, 50 g Zucker, 200 g Mascarpone, 2 Eiweiß, 16 Löffelbiskuits, 1/4 l kalter Espresso, evtl. etwas Kaffeelikör	Eigelb und Zucker schaumig schlagen, Mascarpone unterheben, Eiweiß steif geschlagen unter die Masse heben. Löffelbiskuits im Espresso wenden in eine eckige Form legen, die Creme darüber geben und im Kühlschrank kalt stellen. Vor dem Servieren Kakao darüberstäuben.

Lisas Pfirsichtraum

Für 4 Personen

1/2 l Milch,
30 g Zucker,
1 P. Vanillepuddingpulver,
1 B. Sahne,
1/2 Paket Löffelbiskuits (15 Stück),
ca. 1/4 l Pfirsichlikör

Die Milch und den Zucker zum Kochen bringen, das angerührte Puddingpulver dazugeben, abkühlen lassen.

Die Sahne steif schlagen und unter den kalten Pudding heben.

Die Löffelbiskuits in eine flache Auflaufform legen, mit dem Pfirsichlikör tränken.

Den Sahnepudding auf die Löffelbiskuits geben oder einschichten.

Pfirsichcreme

Für 4 Personen

1 D. Pfirsichhälften,
6 Bl. Gelatine,
4 Eier,
2 EL Zucker,
1 P. Vanillezucker,
1 Zitronensaft,
75 g geh. Mandeln,
1 B. Sahne

Pfirsiche abtropfen lassen und bis auf einen Hälfte pürieren.

Eier trennen, Eigelb mit Zucker und Vanillezucker cremig schlagen.

Gelatine in Zitronensaft auflösen und mit 1/8 l Pfirsichsaft, dem Pfirsichpüree und den Mandeln mischen, unter die Eigelbmasse geben.

Wenn die Creme geliert, die geschlagene Sahne und das zu festem Eischnee geschlagene Eiweiß vorsichtig unterheben.

Mit Pfirsichspalten garnieren.

Orangenparfait

Für 4 Personen

4 Eigelb,
100 g Zucker,
1 Pr. Salz,
1 EL heißes Wasser,
1/4 l Apfelsinensaft,
250 g süße Sahne,
2 Pk. Vanillezucker,
50 g geröstete Mandelblätter,
2 Apfelsinen

Eigelb mit Zucker, Salz und Wasser zu einer cremigen Masse schlagen, bis der Zucker aufgelöst ist.

Unter Rühren nach und nach den Saft dazu gießen. Sahne mit Vanillezucker steif schlagen und unter die Creme ziehen. Mandeln dazugeben.

Die Masse in eine Form gießen und mindestens 6 Std. in das Gefriergerät stellen.

Etwa 30 Min. vor dem Servieren Parfait in den Kühlschrank stellen.

Form kurz in heißes Wasser tauchen und auf eine Platte stürzen.

Parfait mit Apfelsinenfilets garnieren.

Bratäpfel mit Zimtquark

Für 4 Personen

50 ml Orangensaft,
1 EL Zucker,
etwas Vanillezucker,
4 große säuerl. Äpfel,
50 ml Orangensaft,
250 g Quark,
4 EL Sahne,
1 TL Zimt,
2 EL Rosinen,
Zucker

Orangensaft, Zucker und Vanillezucker in eine Auflaufform geben und in der Mikrowelle bei 750 W 1 1/2 Min. erhitzen.

Die Äpfel waschen, mit Apfelausstecher Stiel, Blüte und Kerngehäuse ausstechen, in die Auflaufform setzen und bei 750 W gut 5 Min. in der Mikrowelle garen.

Die restlichen Zutaten verrühren, abschmecken und zu den Äpfeln reichen.

Festtagseis

Festtagseis

Für 4 Personen

500 ml Sahne,
2 Eigelb,
2 Eiweiß,
2 EL Zucker,
1 Beutel Krokant,
1 Beutel Schokoraspel,
1 Tasse Eierlikör,
ca. 100 g Baiser

Sahne sehr steif schlagen, ebenfalls Eigelb und Eiweiß steif schlagen. Alles in einer großen Schale vorsichtig vermengen, mit Zucker abschmecken.

Zutaten hinzufügen.

Baisers grob krümeln unter die Masse geben.

Alles in eine Kranzform (Napfkuchenform) geben und ca. 4 Stunden gefrieren lassen.

Vor dem Servieren kurz die Form in heißes Wasser tauchen, auf eine Tortenplatte stürzen evtl. mit Schokostreusel garnieren.

Dazu heiße Kirschen, Himbeeren oder Zimtpflaumen reichen.

Die Eismasse kann man auch sehr gut mit Capuccinopulver verfeinern.

Pfirsichflammerie mit Eierlikör

Für 8–10 Personen

1 gr. D. Pfirsiche,
1 D. Mandarinen,
1/2 l Pfirsich/Mandarinensaft,
1 P. Vanillepuddingpulver,
1/2 Fl. Eierlikör,
3 Bl. weiße Gelatine,
2 B. Sahne

Pfirsiche auf ein Sieb geben und in Würfel schneiden. Die Mandarinen auch gut abtropfen lassen.

Den Saft zum Kochen bringen und mit Puddingpulver andicken, erkalten lassen.

Likör und Früchte in die Masse geben. Die eingeweichte Gelatine auflösen und zufügen.

Sahne schlagen und untergeben. Einige Stunden kalt stellen.

Schokocreme Maria

Für 4 Personen

1/2 l Milch,
75 g Zucker,
35 g Kakao,
6 Bl. weiße Gelatine,
50 g Mandeln gehobelt,
75 g Rosinen,
200 g Sahne

Die Milch mit Zucker und Kakao zum Kochen bringen und die eingeweichte Gelatine dazugeben.

Mandeln und Rosinen unterheben. Abkühlen lassen und wenn die Masse „Straßen zieht“, die steif geschlagene Sahne unterheben.

Apfelsinen-Weinschaumkuppel

Für 4 Personen

3 Apfelsinen,
3 Eigelb,
140 g Zucker,
3 EL heißes Wasser,
1/4 l Weißwein,
2 EL Zitronensaft,
4 EL Apfelsinensaft,
9 Blatt Gelatine,
3 Eischnee,
1/4 l Sahne

Die Apfelsinen schälen, in Scheiben schneiden und eine große Glasschüssel damit auslegen.

Eigelb, Zucker und Wasser schaumig schlagen.

Wein, Zitronensaft und Apfelsinensaft unter die cremige Masse rühren.

Die Gelatine einweichen, auflösen und unter die Creme rühren.

Die Creme kalt stellen.

Den Eischnee und die Sahne steif schlagen.

Wenn die Creme dicklich ist, den Eischnee und die Sahne locker unterziehen.

Die Creme auf die Apfelsinenscheiben geben, glattstreichen und 2 Std. kalt stellen.

Dann auf eine Platte stürzen und garnieren.

Mousse au chocolat

Für 4 Personen

100 g Vollmilchschokolade,
50 g Schokolade bitter,
3 EL Rum,
2 EL Milch,
1 Bl. weiße Gelatine,
2 Eigelb,
1/2 Vanilleschote,
40 g Zucker,
1/4 l Sahne,
2 Eiweiß

Schokolade, Rum und Milch zusammen in einer Schüssel innerhalb von 3 Minuten in der Mikrowelle erwärmen, anschließend umrühren.

Unter die Schokoladenmasse die eingeweichte, ausgedrückte Gelatine rühren. Die Masse weitere 30 Sekunden erwärmen, um die Gelatine aufzulösen. Eigelb, Zucker und das Innere der Vanilleschote unterrühren.

Die Speise erkalten lassen.

Sahne und Eiweiß steif schlagen und beides unter die halbfeste Speise ziehen.

Anschließend die Mousse au chocolat vollkommen erstarren lassen.

Gelbe Grütze

Für 4 Personen

1 Ananas,
1 Mango,
1 D. Pfirsiche,
6 cl Pfirsichlikör,
1/2 l Pfirsich/Aprikosensaft,
6 EL Orangensaft,
3 EL Zucker,
1 Pk. Vanillepuddingpulver,
1/8 l Sahne,
25 g Pistazien

Die Ananas schälen, vierteln, Strunk entfernen, 2 x längs durchschneiden, dann in Stücke schneiden.

Die Mango schälen und würfeln. Pfirsiche abtropfen lassen und in Spalten schneiden. Pfirsich- und Aprikosensaft mit Zucker zum Kochen bringen. Orangensaft und Vanillepuddingpulver anrühren, in die kochende Flüssigkeit geben und aufkochen lassen.

1 Std. kalt stellen, dann über die Früchte geben.

Sahne steif schlagen und dazu reichen.

Mit gehackten Pistazien garnieren.

Gebäck

Cappuccinotorte

4 Eier,
140 g Zucker,
50 g Weizenmehl,
1 gestr. TL Backpulver,
50 g Zartbitterschokolade,
3 Zwieback,
140 g gem. Mandeln,
3 B. Sahne,
3 P. Vanillezucker,
3 P. Sahnesteif,
3 Tassenbeutel Cappuccinopulver,
30 g Zucker,
Puderzucker

Die Eier schaumig rühren, den Zucker einrieseln lassen, das Mehl unterheben.

Schokolade und Zwieback reiben und mit den Mandeln unterheben.

Den Teig in eine mit Backpapier ausgelegte Springform geben und im vorgeheizten Backofen bei 180 °C 30 Min. backen.

Nach dem Erkalten 1/3 des Bodens abschneiden. Die Sahne steif schlagen, Vanillezucker, Zucker, Sahnesteif und Cappuccinopulver untermischen.

Den dickeren Boden auf eine Tortenplatte legen, Tortenrand herumstellen und die Cappuccinosahne Kuppelartig auf den Boden geben.

Den kleinen Tortenboden zerbröseln um die Torte damit zu bestreuen.

Mit Puderzucker bestreuen.

Gestreifte Birnentorte

Teig:
70 g Mehl,
1/2 TL Backpulver,
70 g gem. Mandeln,
70 g Zucker,
1 Pk. Vanillezucker,
70 g Butter

Füllung:
250 g Quark,
1/4 l Birnensaft,
1 Zitronensaft,
70 g Zucker,
7 Bl. Gelatine,
400–500 ml Sahne,
1 D. Birnen,
2–3 EL Kakao
oder Nesquick,
Raspelschokolade

Aus den Teigzutaten einen Mürbeteig herstellen und bei 200 °C 10–15 Min. backen.

Quark, Birnen- und Zitronensaft, Zucker und eingeweichte und aufgelöste Gelatine verrühren und kühlen.

Die Sahne steif schlagen und unter die Quarkmasse ziehen.

Die Birnen gut abtropfen lassen und in 1 cm dicke Streifen schneiden.

Die Hälfte der Quarkmasse auf den Mandelboden streichen und mit Birnen belegen.

Die 2. Hälfte der Masse mit Kakao verrühren und über die Birnen streichen.

Torte fest werden lassen und mit Raspelschokolade garnieren.

Diplomatentorte

Teig:
150 g Butter,
125 g Zucker,
3 Eier,
1 TL Zimt,
125 g gem. Nüsse,
50 g Mehl,
2 TL Backpulver

Füllung:
1/2 Tafel Schokolade,
1 B. Sahne,
5 Scheiben Ananas

Einen Rührteig herstellen und bei 170–180 °C ca. 25–30 Min. backen.

Die dünne obere Schicht des Bodens abschneiden und zerbröseln.

Die Schokolade reiben und mit den Teigbröseln vermengen.

Die Sahne steif schlagen.

Die Ananas sehr klein schneiden und zu der Sahne geben.

Die Sahnemasse auf den Boden geben und die Krümeln darauf verteilen.

Himmelstorte mit Äpfeln

Teig:
250 g Fett (halb Butter, halb Margarine),
200 g Zucker,
2 Eier,
300 g Mehl,
2 TL Backpulver,
150 g Mandeln,
Zucker,
Zimt

Füllung:
8–10 säuerliche Äpfel,
1/2 l. Weißwein,
2 EL Zucker,
9 Bl. Gelatine,
1/2 l Sahne

Aus Fett, Zucker, Eiern, Mehl und Backpulver einen Rührteig herstellen, in drei gleichen Teilen auf Springformböden geben.

Mandeln mit Zucker und Zimt vermischen und auf die Böden streuen.

Bei 180 °C 20 Min. backen.

Nach dem Backen einen Boden in 16 Tortenstücke schneiden.

Die Äpfel schälen, in Scheiben schneiden und in Wein und Zucker dünsten.

Die eingeweichte Gelatine in die Apfelmasse geben und über Nacht abkühlen.

Einen Tortenring um den ersten Boden legen, die Apfelmasse darauf verteilen.

Zweiten Boden auf die Äpfel legen.

Die Sahne schlagen und auf den Boden spritzen und die 16 beiseite gestellten Stücke fächerartig auf die Sahne stecken.

Himmelstorte mit Äpfeln

Aprikosen-Champagnertorte

Biskuitboden:
4 Eiweiß,
3 EL kaltes Wasser,
150 g Zucker,
1 Pr. Salz,
4 Eigelb,
100 g Mehl,
75 g Speisestärke,
1/2 TL Backpulver

Creme:
6 Bl. Gelatine,
1 D. Aprikosen,
100 ml Champagner oder Sekt,
400 g Sahne,
2 P. Vanillezucker,
400 g Sahne,
1 P. Vanillezucker,
4 EL Haselnuss-Krokant,
20 g Baiser

Eiweiß mit Wasser zusammen steif schlagen, Zucker und Salz zugeben, weiter schlagen.

Die Eigelb unterziehen.

Mehl und Stärke sieben und unterheben.
Den Teig in eine gefettete Springform füllen und bei 200 °C 25 Min. backen.

Die Gelatine einweichen und auflösen. Die Aprikosen abtropfen lassen, 4 Stück zum Verzieren zurücklassen.

Die anderen teilen, eine Hälfte würfeln, die andere Hälfte pürieren.

Den Sekt zu der aufgelösten Gelatine geben.

Die 400 ml Sahne steif schlagen, 2 P. Vanillezucker zugeben.

Die Gelatine zugeben und dann die Sahne aufteilen. 1. Hälfte zum Püree, die 2. Hälfte zu den Aprikosenstücken.

Den Tortenboden auf eine Tortenplatte legen und 2 x waagerecht durchschneiden. Tortenring um den unteren Boden legen und das Aprikosenpüree darauf verteilen. 2. Boden darauf legen und die zweite Creme darauf verteilen.

Kalt stellen, dann den Tortenring lösen.

400 g Sahne steif schlagen. Vanillezucker dazugeben.

Die Torte mit der Hälfte der Sahne einstreichen.

Mit Rest Sahne und Aprikosenspalten verzieren.

Den Rand der Torte mit zerbröselten Baiser und dem Haselnuss-Krokant bestreuen.

Marzipantorte Marie

Foto siehe Seite 198

Mandelkrokantboden:
90 g Butter,
90 g gem. Mandeln,
90 g Zucker,
100 g Mehl,
1 TL Backpulver

1 dünner weißer Biskuitboden

Füllung:
1 D. Pfirsiche,
500 ml Sahne,
50 g Orangenmarmelade,
1 P. Marzipanrohmasse,
Puderzucker,
Kuvertüre

Einen Knetteig herstellen.

Springform mit Backpapier auslegen und den Teig gleichmäßig hineindrücken. Rand leicht erhöht.

Bei 175 °C goldbraun backen und sofort auf eine Tortenplatte geben, da er später leicht bricht.

Den Mandekrokantboden mit Marmelade bestreichen und mit den abgetropften Pfirsichhälften belegen, Tortenguss mit Pfirsichsaft kochen und über die Pfirsiche geben – abkühlen lassen.

Die Sahne steif schlagen und die Hälfte auf die Pfirsiche streichen, den Biskuitboden auflegen. Die restliche Sahne auf den Biskuit streichen.

Kühl stellen.

Marzipanrohmasse mit Puderzucker verkneten und zwischen Frischhaltefolie aufrollen in reichlicher Tortengröße

Auf die Torte legen und abrollen. Leicht andrücken und Ränder abschneiden.

Mit flüssiger Kuvertüre ein Muster auf die Torte bringen, evtl. mit Marzipanrosen belegen.

Tiramisutorte

Boden:
4 Eier,
100 g Zucker,
1 Pr. Salz,
160 g Mehl,
5–6 TL Kakaopulver,
1 gest. TL Backpulver

Creme:
6 kalte Eier,
100 g Zucker,
500 g Mascarpone
150 ml Espresso oder kalten Kaffee,
10 EL Marsalawein,
4 EL Kakaopulver

Für den Teig Eier, Zucker und Salz dickcremig schlagen.

Mehl, Kakao und Backpulver mischen und daraufsieben. Mit dem Schneebesen vorsichtig unterheben.

Den Boden einer 24 er Springform (24 cm) mit Backpapier auslegen. Teig hineinfüllen, glattstreichen. Im vorgeheitzen Backofen
bei 200 °C (Umluft 170 °C) ca. 20 Min backen.

Nach dem Erkalten zweimal durchschneiden.

Für die Creme die Eier trennen. Eigelb und Zucker dickschaumig schlagen, Mascarpone unterrühen. Eiweiß steifschlagen und esslöffelweise unterschlagen.

Den unteren Teil des Bodens auf eine Kuchenplatte legen. Springformrand umlegen.

Espresso mit Marsalawein mischen. 1/3 dieser Mischung auf den Boden träufeln. Darauf einen EL Kakao sieben und darauf 1/3 der Creme verteilen.

Mit den restliche Böden so fortfahren.

Mit Creme abschließen und mindestens 8 Stunden kaltstellen.

Die Torte mit Kakao bestreuen, evtl. mit Amarettini oder Schokoröllchen belegen.

Orangen-Käse-Sahnetorte

Boden:
200 g Nussnougat,
1/2 Bittermandelöl,
10 Zwieback

Füllung:
12 Bl. Gelatine,
5 EL Weißwein,
750 g Magerquark,
150 g Zucker,
1 Zitronensaft,
0,2 l Orangensaft,
2 cl Cointrau,
1 Vanillezucker,
1/2 l geschlagene Sahne

Nussnougat auflösen, das Bittermandelöl dazugeben. Den Zwieback zerkrümmeln und mit dem Nussnougat verrühren.

Die Masse in eine mit Backpapier ausgelegten Springform geben und andrücken.

Die Gelatine im Wein auflösen.

Den Quark mit den restliche Zutaten (außer Sahne) verrühren und die Gelatine unter rühren zufügen.

Wenn die Masse dicklich wird, die geschlagene Sahne unterheben. Die Masse auf den Boden füllen, evtl. mit Orangen garnieren.

Käthes Nusstorte

Boden:
5 Eier,
4 EL Wasser,
250 g Zucker,
etws Bittermandelöl,
125 g gem. Nüsse,
100 g Mehl,
100 g Maizena Speisestärke,
1/2 Pk. Backpulver

Füllung:
1 Gl. Preiselbeeren,
1 l Sahne,
1 P. Marzipanrohmasse,
40 g Puderzucker

Die Eier mit Wasser und Zucker schaumig schlagen. Nüsse, Mehl, Maizena und Backpulver unterheben und in eine Springform geben.

Bei 150 °C (Heißluft) 45 Min. backen.

Den Tortenboden 2 x durchschneiden.

Preiselbeeren auf den unteren Tortenboden verteilen.

Die Sahne steif schlagen und die Torte damit füllen. Marzipan mit Puderzucker verkneten und zwischen Frischhaltefolie ausrollen.

Die Torte damit überziehen.

Ochsenaugen mit Quark

75 g Fett,
30 g Zucker,
1 Pr. Salz,
3 Eier,
Zitronenschale,
400 g Quark,
200 g Mehl,
1 TL Backpulver,
Fett zum Ausbacken

Fett, Zucker, Salz, Eier und Zitronenschale schaumig rühren, Quark, Mehl und Backpulver untermengen.

In heißem Fett von beiden Seiten kleine Augen backen.

Im Zimtzucker wälzen.

Apfel-Zimt-Muffins

2 mittelgroße Äpfel (etwa 250 g),
140 g Mehl,
120 g Weizenvollkornmehl,
2 TL Backpulver,
1/2 TL Natron,
1 1/2 TL Zimt,
1 P. Vanillezucker,
80 g gemahlene Haselnüsse,
1 Ei,
150 g brauner Zucker,
100 ml Rapsöl,
300 ml Buttermilch,
20 g gehackte Haselnüsse

Äpfel waschen, schälen, halbieren, Kerngehäuse entfernen, zuerst in Scheiben, dann in kleine Stücke schneiden.

Mehl und Backpulver in eine Schüssel sieben und mit Gewürzen, Nüssen und Apfelstückchen vermischen.

In einer großen Schüssel das Ei aufschlagen und leicht verquirlen. Zucker, Öl und Buttermilch dazugeben und alles vermischen.

Zuletzt die Mehlmischungen hinzufügen und unterheben.

Den Teig in Papierförmchen oder Muffinsformen füllen und mit gehackten Haselnüssen bestreuen.

Im Backofen (Umluft 160 °C) 20–25 Min. backen.

Die Muffins schmecken warm und kalt sehr lecker.

Ochsenaugen mit Quark und Apfel-Zimt-Muffins

Ankes Nussschnitten

Teig;
250 g Margarine,
250 g Zucker,
4-5 Eier,
300 g Mehl,
200 g gem. Haselnüsse,
1 P. Backpulver,
1 Glas Rum

Belag:
Schokoladenguß,
Krokant oder Pistazien

Einen Rührteig herstellen und auf ein Backblech verteilen.

Bei 200 °C ca. 20 Min. backen.

Den fertigen Kuchen mit Schokoladenguß überziehen und mit Krokant oder Pistazien bestreuen.

Den fertigen Kuchen gleich in kleine Streifen schneiden.

Zitronenschnitten

Teig:
500 g Weizenmehl,
1 TL Backpulver,
150 g Zucker,
2 P. Vanillezucker,
2 Eier,
250 g Butter oder Margarine

Füllung:
125 g Haselnüsse,
150 g Zucker,
Saft von 1–2 Zitronen,
abger. Zitronenschale

Guss:
50 g Puderzucker,
ca. 1 EL Zitronensaft

Aus den angegebenen Zutaten einen Mürbeteig herstellen und eine Teighälfte auf einem Backblech ausrollen.

Die Zutaten für die Füllung verrühren und auf den Teig geben.

Die andere Teighälfte ausrollen und über die Füllung legen und abbacken.

Backzeit a. 10 Min. bei 200 °C.

Den Guss über den abgekühlten Kuchen geben.

Ankes Nussschnitten, Zitronenschnitten, Mohnkuchen Karin

Mohnkuchen Karin

Foto siehe Seite 257

Teig:
250 g Butter,
200 g Zucker,
250 g Mehl,
250 g Mohn,
4 Eier,
1/4 l Sahne

Creme:
1/2 l Milch,
40 g Zucker,
1 P. Vanillepudding,
250 g Butter

Guss:
200 g Vollmilchkuvertüre,
40 g Palmin

Einen Rührteig herstellen, auf ein gefettetes Backblech streichen und bei 175 °C 25–30 Min. backen.

Für die Creme den Pudding nach Vorschrift zubereiten, abkühlen lassen.

Butter schaumig schlagen und Pudding löffelweise unterrühren.

Den fertigen Kuchen mit dünner Buttercreme bestreichen und mit Schokoladenguß überziehen.

Haferflockenkekse

ca. 30 Stück

1/8 l Öl,
120 g Zucker,
1 Ei,
50 g Mehl,
75 g Vollkornhaferflocken,
1 TL Backpulver,
75 g Erdnüsse ungesalzen,
75 g Schokoladenstückchen,
50 g Rosinen

Öl, Zucker, Ei, Mehl, Backpulver und Haferflocken mit dem Handrührgerät 2 Min. rühren.

Erdnusskerne grobgehackt, Schokoladenstückchen und Rosinen untermischen.

Mit 2 TL in größeren Abständen kleine Teighäufchen auf ein Backblech setzen. Bei 175–200 °C (Umluft 170 °C) 15 Min. backen.

Auf dem Backblech abkühlen lassen.

Apfelkuchen mit Walnussstreuseln

100 g Butter,
150 g Zucker,
2 Eier,
150 g Weizenvollkornmehl,
2 TL Backpulver,
5 Boskop-Äpfel,
Zitronensaft,
120 g Vollkornmehl,
50 g gem. Walnüsse,
1 Msp. Zimt,
100 g Zucker,
100 g flüssige Butter

Aus Butter, Zucker, Eiern, Mehl und Backpulver einen Rührteig herstellen und in eine gefettete Springform füllen.

Die Äpfel schälen, in Spalten schneiden und auf den Teig legen, mit Zitronensaft beträufeln.

Mehl, Nüsse, Zimt und Zucker verrühren und die flüssige Butter langsam zugeben, dabei Knethaken verwenden, Streusel herstellen und auf die Äpfel geben.

Bei 175 °C 45 Min. backen.

Makronenkuchen

200 g Margarine,
175 g Zucker,
1 Vanillezucker,
2 Eier,
2 Eigelb,
200 g Weizenmehl,
50 g Speisestärke,
1 TL Backpulver,
2 Eiweiß,
100 g Zucker,
3 Tropfen Bittermandelöl,
140 g gem. Mandeln,
35 g Kokosraspel

Margarine mit Zucker, Vanillezucker, Eiern und Eigelb schaumig rühen, Mehl, Stärke und Backpulver unterheben.

Teig in eine gefettete glatte Ringform oder Kastenform füllen.

In die Teigmitte mit einem Löffel eine Vertiefung (ca. 4 cm tief und 4 cm breit) eindrücken.

2 Eiweiß, Zucker, Bittermandelöl steifschlagen, Mandeln und Kokosraspeln unterheben, in die Vertiefung füllen.

Bei 160 °C ca. 50 Min. backen.

Dreikornbrot mit Obstessig

1000 g Mehl,
1 P. Hefe,
einen Becher Körner mit Leinsam, Sesam und Sonnenblumenkernen,
4 EL Obstessig,
3 TL Salz,
1 EL Honig,
750 g warmes Wasser

Mehl mit den Körnern vermischen, Honig mit der Hefe verrühren.

Zu dem Mehl und den Körnern Salz zufügen, dann Hefe und Honig zugeben und zum Schluß mit warmen Wasser zu einem glatten Teig verrühren.

Den Teig ca. 30 Min. gehen lassen.

Anschließend in eine Kuchenkastenform (gefettet) geben und im vorgeheizten Backofen bei 200 °C 60 Min. backen.

Rustikales Früchtebrot

500 g Weizenvollkornmehl (T1700),
1 Würfel Hefe,
1 TL Salz,
1 TL Zimt,
1 TL Kakao,
2 Msp. Nelckenpulver,
gut 1/2 l Wasser,
250 g Feigen oder gemischte Trockenfrüchte,
125 g Zwetschen oder Pflaumen,
125 g Rosinen,
100 g Haselnüsse

Aus Mehl, Hefe, Gewürzen und Wasser einen Hefeteig herstellen. evtl. die Früchte, wenn zu Fest, einige Stunden in Wasser einweichen.

Alle Früchte und Nüsse in den Teig einkneten.

Ruhezeit an einem warmen Platz 30–60 Min. Nocheinmal durchkneten und 2 Brote formen auf ein Backblech legen und ca. 15 Min. ruhen lassen.

Bei 190 °C ca. 50 Min. backen.

Partybrötchen

24 Stück

500 g Weizenmehl,
1 Würfel Hefe,
1 EL Zucker,
1 TL Salz,
100 g Margarine,
1/4 l warme Milch

Hefeteig herstellen, 1/2 Stunde aufgehen lassen, durchkneten und 24 Brötchen formen.

Evtl. eine Partysonne legen und mit Sesam oder Mohn bestreuen.

Nach 10 Min. abbacken.

Bei 190 °C ca. 20 Min.

Gesundes Vollkornbrot

500 g Weizenvollkornmehl,
125 g Roggenschrot,
1 TL Salz,
1/2 l Wasser,
1/2 Würfel Hefe,
1 TL Honig,
50 g Sonnenblumenkerne

Alle Zutaten in eine Rührschüssel geben sehr gut durchkneten.

In eine Kastenform geben und oben einschlitzen. Die Form in den kalten Ofen stellen.

Bei 200–225 °C ca. 50–60 Min. backen lassen.

Abwandlung:
Anstelle der Sonnenblumenkerne können auch Leinensamen, Sesam, Nüsse, Kräuter, Zwiebeln, Schinken oder andere Gewürze zugegeben werden.

Pikantes zu Bier und Wein

Lachsröllchen

Für 4 Personen – Vorspeise oder kleine Leckerei auf einem Büfett.

200 g Räucherlachs, ca. 10 Scheiben Gouda, 100 g Kräuter-Frischkäse, 1 P. TK 8-Kräuter	Den Lachs fächerartig auf Frischhaltefolie legen, den Käse darauf verteilen, Frischkäse darauf streichen, mit Kräutern bestreuen und mit Hilfe der Folie aufrollen. Durchkühlen lassen, dann in Scheiben schneiden und mit Brot servieren.

Schinkenbüdel

ergibt ca. 60 Stück

1/4 l Wasser, 80 g Butter, ca. 1/2 TL Salz, 1 Prise Muskatnuss, 150 g Mehl, 4 Eier, 150 g Schinken (oder gek. Schinken) 150 g Gouda, (evtl. fertige Schinkenwürfel und geraspelten Pizzakäse)	Flüssigkeit mit Gewürzen und Fett aufkochen, das Mehl auf einmal zugeben und rühren, bis sich ein Kloß bildet (Brandteig). Etwas abkühlen lassen, dann nacheinander die Eier unterrühren (mit Handrührgerät). Zum Schluss den gewürfelten Schinken und den geraspelten Käse untermischen. Mit dem Teelöffel kleine Häufchen auf ein mit Backpapier ausgelegtes Backblech setzen, bei 180 °C ca. 20 Min. backen. Werden ca. 60 kl. Büdel.

Schinken-, Roastbeef-, Lachsröllchen, Schinkenbüdel

Roastbeefröllchen

Für 4 Personen – Foto siehe Seite 263

10 Scheiben Roastbeef,
1/2 P. Kräuterfrischkäse,
5 Scheiben Schnittkäse,
1 P. TK 8-Kräuter

Das Roastbeef zu einem Rechteck auf einen großen Bogen Frischhaltefolie legen, (die Scheiben müssen übereinander ragen), mit Frischkäse bestreichen, Schnittkäse darauf legen, ebenfalls mit Frischkäse bestreichen, Kräuter darauf verteilen.

Nun mit Hilfe der Frischhaltefolie aufrollen, durchkühlen. Dann in dicke Scheiben schneiden.

Schinkenröllchen

Für 4 Personen – Foto siehe Seite 263

10 Scheiben Schinken (dünn geschnitten),
1/2 P. Kräuter-Frischkäse,
5 Scheiben Schnittkäse (auch dünn),
1 P. TK 8-Kräuter,
1 1/2 Mettknacker

Den Schinken zu einem Rechteck auf einen großen Bogen Frischhaltefolie legen, (die Scheiben müssen übereinander ragen), mit Frischkäse bestreichen, Schnittkäse darauf legen, ebenfalls mit Frischkäse bestreichen, Kräuter darauf verteilen, Mettknacker auflegen.

Nun mit Hilfe der Frischhaltefolie aufrollen, durchkühlen.

Dann in dicke Scheiben schneiden.

Käsemauken

100 g Mehl,
120 g gerieb. Käse,
90 g Schmand,
60 g Butter,
Salz,
Paprika,
Curry

Einen festen Mürbeteig herstellen, 3 mm dick ausrollen, beliebige Formen ausstechen, auf Backtrennpapier legen, evtl. mit Mohn bestreuen.

Ca. 12 Min. bei 200 °C backen. Schmecken warm auch lecker.

Käsemauken, Apfel-Williams-Schluck

Quarkblätterteig

Für 4 Personen

250 g Weizenmehl,
2 TL Backpulver,
1/2 TL Salz,
250 g Butter oder feste Margarine,
250 g Quark trocken

Mehl, Backpulver und Salz mischen, Butter in Flöckchen dazugeben, den Quark dazu und alles kurz zu einem Teig verkneten.

Mindestens eine halbe Stunde – besser einige Stunden – im Kühlschrank ruhen lassen.

Ursels Pizza

1 Backblech

Ein Rezept Quarkblätterteig,
500 g Tomaten,
Salz,
Pfeffer,
Knoblauch,
150 g Schweizer Käse,
2 Zwiebeln,
Petersilie,
Schnittlauch,
150 g saure Sahne

Quarkblätterteig ausrollen und ein gefettetes Backblech damit belegen.

Tomaten halbieren, evtl. leicht ausdrücken, gleichmäßig auf dem Teig verteilen und mit Salz, Pfeffer und etwas Knoblauch bestreuen.

Den Käse raspeln, die Zwiebeln fein hacken und alles auf die Tomaten häufen.

Feingehackte Petersilie und Schnittlauch auf die Pizza streuen.

Zum Schluss die saure Sahne über das Ganze träufeln.

Auf mittlere Schiene bei 200 °C etwa 30 Min. backen.

Käse Zwiebel Muffins

12 Muffins

1 P. Philadelphia Käse,
1 3/4 Tassen Mehl,
4 TL Backpulver,
1 EL Zucker,
1 TL Salz,
3 Tassen Rice Crispies zerdrückt zu 1 Tasse (oder eben 2 3/4 Tassen Mehl insgesamt),
2 Eier,
1 1/4 Tassen Milch,
1/3 Tasse Öl,
1 Tasse gehackte/kleingeschnittene Frühlingszwiebeln mit Lauchstrunk,
Bacon oder Schinken

Ofen vorheizen, Muffinformen einfetten.

Den Philadelphiakäse viertelstückeln. Mehl, Backpulver, Zucker, Salz vermengen.

In 2. Schüssel Rice Crispies, Eier, Milch, Öl, Frühlingszwiebeln und Schinkenwürfel vermischen.

Dann zum Teig dazugeben, rühren bzw. unterheben, vorsichtig Käse dazugeben und dann in kleine Muffinförmchen füllen. 20–25 Min. bei 180 °C backen.

Passt gut zu Rotwein/Bier, besonders warm aus dem Ofen!

Es gibt auch schöne Backformen, so dass die Muffins eher als Snack gereicht werden können.

Forellentorte

Für 4 Personen

Teig:
200 g Weizenmehl,
100 g Butter,
1 Ei,
2 EL Wasser,
1 Pr. Salz

Füllung:
2 große, geräucherte Forellenfilets,
4 kl. Eier,
200 g Crème fraîche,
6 EL Sahne,
1 Bd. Dill (fein gehackt),
Salz, Pfeffer

Die Zutaten für den Teig schnell zu einem glatten Teig verkneten und mindestens eine halbe Stunde kaltstellen.

Eine Quicheform (28-34 cm Durchmesser) mit dem Teig auslegen.

Die Zutaten für die Füllung, außer die Forellenfilets, verquirlen, zum Schluß die grob zerkleinerten Forellenfilets unterheben.

Eine andere Möglichkeit:
Alle Zutaten pürieren und auf den Boden geben.

Bei 200 °C (Heißluft 180 °C) ca. 20 Min backen.

Überbackene Schnitten

Für 4 Personen

(Baguette-, Meterbrotscheiben oder kleine, halbierte Partybrötchen)

Hermine:
1 B. (200 g) Sahne,
ca. 250 g Gouda,
100 g geräucherten Schinken,
1 Bd. Schnittlauch

Die Sahne schlagen, den Käse grob raspeln, Schinken und Schnittlauch sehr fein schneiden.

Zutaten unter die geschlagene Sahne ziehen und das Brot dick mit der Masse bestreichen.

Bei 190 °C 10 Min. überbacken

Christa:
200 g Kräuterschmelzkäse,
200 g Sahneschmelzkäse,
125 g Butter,
1 Zwiebel,
100 g geraspelten Emmentaler,
200 g gek. Schinken,
200 g Pilze,
Schnittlauch

Zwiebel fein hacken, Schinken und Pilze fein schneiden, alles verrühren und auf das Brot streichen.

Bei 200 °C Heißluft 10–15 Min. überbacken

Lauchbutter – ein pikanter Brotaufstrich

125 g weiche Butter,
1 kl. Stange Lauch,
Salz,
Pfeffer

Die Butter cremig rühren, den Lauch sehr, sehr fein schneiden.

Alle Teile gut miteinander verrühren!

Gefüllte Glücksschweinchen

Ergibt 10 Stück

Quarkölteig:
150 g Quark,
6 EL Milch,
6 EL Öl,
300 g Mehl,
1 P. Backpulver,

30 g geröstete Zwiebeln,
30 g geriebener Käse,
1 Eigelb,
10 Wacholderbeeren

Aus Quark, Milch, Öl, Mehl und Backpulver einen Quarkölteig zubereiten.

Den Teig aufteilen, jeweils die Zwiebeln bzw. den Käse zufügen, so erhält man je 5 Schweine mit gerösteten Zwiebeln und mit geriebenem Käse.

Ein Backblech dünn mit Fett ausfetten und mit Mehl bestäuben, den Teig auf einer leicht bemehlten Arbeitsplatte ausrollen (3/4–1 cm), 10 Plätzchen von einem Durchmesser von je 8 cm und je 4 cm ausstechen

Aus dem restlichen Teig Öhrchen formen, die 10 großen Plätzchen auf das Backblech geben, in die kleinen Plätzchen mit einem dünnen Stab Nasenlöcher eindrücken.

Mit dem Eigelb die Schnauzen und die Ohren bestreichen und auf die Plätzchen drücken.

Mit einem ganz dünnem Stab Löcher für Augen in den Teig drücken und die Wachholderbeeren dort hinein legen.

Bei 200 °C 15–20 Min. backen.

Zu den Gefüllten Glücksschweinchen eine Suppe reichen.

Silvestergag

Schnelle Pizzatorte

Schnelle Pizzatorte

Für 4 Personen

3 Eier,
1 B. Sahne,
100 g Salami,
100 g gek. Schinken,
100 g Champignon,
1 Paprika,
1 Zwiebel,
100 g Käse,
Pizzagewürz,
oder Oregano,
Paprika,
Thymian,
Basilikum und
Knoblauch,
100 g Mehl,
2 Tomaten,
100 g Käse

Salami, Schinken, Champignons, Paprika und 100 g Käse in Würfel schneiden, mit Eiern, Sahne, Mehl und Gewürzen in eine Rührschüssel geben, gut miteinander vermengen und in eine gefettete Springform oder Quicheform geben.

Tomaten in Scheiben schneiden, Käse würfeln und über die Pizzatorte streuen.

Bei 200 °C 30 Min. backen.

Sehr schnell geht es mit fertig gewürfeltem Schinken und geraspelten Pizzakäse.

Backpflaumen

mit Mandelkern im knusprigen Speckmantel

10 Backpflaumen,
10 geschälte Mandeln,
10 halbe Scheiben mageren Frühstücksspeck,
10 Zahnstocher

In die weichen steinlosen Backpflaumen einen Mandelkern schieben und mit einer halben Scheibe Frühstücksspeck umhüllen.

In einer Pfanne oder unter dem Grill knusprig braten.

An Stelle von Backpflaumen können auch Datteln und jede Art von Dörrobst verwendet werden.

Getränke

Orangenlikör

300 ml Orangensaft,
100 ml Barcardi,
100 gr. Zucker,
1 P. Vanille-Zucker,
1 B. Sahne (250 g)

Alle Zutaten im Schüttelbecher gut mischen und kalt servieren.

Apfel-Williams-Schluck

Foto siehe Seite 265

2 l naturtrüber Apfelsaft,
0,25 l Williams Birnengeist

Zutaten mischen und eisgekühlt servieren.

Vitamin-Apfelpunsch

1 l Apfelsaft naturtrüb,
1 Btl. Glühweingewürz,
1 Zitronensaft,
2 Apfelsinensaft,
1 Pampelmusensaft

Den Apfelsaft mit dem Btl. Glühweingewürz erhitzen.

Den Saft der ausgepreßten Früchte in den heißen Apfelsaft geben, nicht kochen, Beutel herausnehmen, evtl. mit Zucker abschmecken und heiß servieren.

Baileys „Trio“

2 cl Kaffeelikör,
2 cl Baileys,
2 cl leicht angeschl. Sahne

Die Zutaten nacheinander in einem hohen, schlanken Glas übereinanderschichten.

Mit Zimt dekorieren

Winterpunsch

1/2 Flasche Rum,
1 Fl. Rotwein,
1/2 Fl. Roten Traubensaft,
Zucker nach Bedarf,
1 Apfelsine (unbehandelt),
1 Stange Zimt,
5 Nelken

Alle Zutaten in einen Topf geben, Apfelsine in dünne Scheiben schneiden und bis zum Sieden erhitzen.

Karneval-Cocktail

1/2 l Orangensaft,
1/4 l Grapefruitsaft,
1/4 l Zitronensaft,
1 Fl. Apfelwein,
Zucker,
Bananenscheiben

Saft gut miteinander mischen, mit Apfelwein auffüllen und mit Zucker abschmecken.

Mit Bananenscheiben garnieren.

Autofahrer-Punsch

1/2 l Wasser,
1 EL schw. Tee,
1 Msp. gem. Zimt,
1 Msp. gem. Piment,
1 Msp. gem. Muskatblüte,
1/4 l Apfelsinensaft,
2 EL Himbeersirup,
3 El Zitronensaft,
50 g Zucker

Tee zubereiten.

Die übrigen Zutaten zum Tee geben und erhitzen.

Apfelpunsch

1 l Apfelsaft, 2 Beutel Glühweingewürz

Erhitzen. Evtl. pro Becher ein Gläschen (2 cl) Rum, Apfelbrand oder Amaretto hinzufügen. Heiß servieren.

Raum für eigene Notizen:

Inhaltsverzeichnis

Beilagen

Salate

Nachspeisen

Gebäck

Pikantes zu Bier und Wein

Getränke

Abkürzungsverzeichnis

B. ...... Becher
Bd ...... Bund
Bl. ...... Blatt
cl. ...... Zentiliter
durchw. .. durchwachsen
D. ...... Dose
EL ...... Esslöffel
g .... Gramm
geh. ..... gehackt
gek. ..... gekocht
gem. .... gemahlen
ger. ..... gerieben
gestr. .... gestrichen
getr. ..... getrocknet
Gl. ...... Glas
gr. ...... groß
kg ...... Kilogramm
kl. ...... klein
l .... Liter
ml ...... Milliliter
Msp. .... Messerspitze
P. .... Päckchen
Pr. ...... Prise
TL ...... Teelöffel
TK ...... Tiefkühl
St. ...... Stück
Stg. ..... Stange

Bücher der Kreissparkasse Stade

Von der Kreissparkasse Stade wurden bisher folgende Schriften herausgegeben:

Wat de Bur seggt (1976)
Plattdeutsche Sprichwörter
Prof. Peter Seidensticker – ausverkauft –

Harsefeld früher und heute (1980)
Bilddokumentation – ausverkauft –

Bargstedter Erinnerungen (1982)
Chronik mit vielen Bildern
Martin Höft – ausverkauft –

Twüschen Veern un Harsfeld (1982)
Plattdeutsche Geschichten
Hinrich Gerken – ausverkauft –

Gemeinde Agathenburg (1983)
Chronik mit vielen Bildern – ausverkauft –

Samtgemeinde Himmelpforten
– gestern und heute – (1983)
Bilddokumentation – ausverkauft –

Horneburg zur Kaiserzeit (1983)
Bilddokumentation
Arbeitsgemeinschaft für Heimatforschung
Horneburg – ausverkauft –

Wenn nix dortwüschen kummt (1983)
Plattdeutsche Geschichten
Hinrich Gerken – ausverkauft –

Platt – wat schall dat? (1984)
Plattdeutsche Geschichten
Hinrich Gerken – ausverkauft –

Gruß aus Ahlerstedt (1984)
Bilddokumentation nach Postkarten
Dorothea Rummelies – ausverkauft –

Ohrensen, ein Dorf auf
der Stader Geest (1985)
Chronik mit vielen Bildern – ausverkauft –

Ut mien Flegeljohr'n (1986)
Plattdeutsche Geschichten
Ernst O. Richters – ausverkauft –

Assel in Wort und Bild (1986)
Bilddokumentation
Bürgerverein Assel – ausverkauft –

1000 Jahre Wedel (1986)
Chronik mit vielen Bildern
Walter Holst – ausverkauft –

Unser Spiele- und Liederbuch (1986/1995)
2. Auflage
Spielkreismitarbeiterinnen im
Landkreis Stade

Geschichten ut'n Bökenkamp (1986)
Plattdeutsche Geschichten
Hinrich Gerken – ausverkauft –

Harsefelder Märchen (1987/2001)
3. Auflage
Gisela Tamke

Süße Rezepte (1987)
9. Auflage
Kreisverband der Landfrauenvereine
des Kreises Stade

Die Kehdinger Kreisbahn (1987/1997)
Stade – Freiburg – Itzwörden
3. Auflage
Hans-Otto Schlichtmann – ausverkauft –

Wilhelmine von Stade (1987)
Geschichte eines Küstenseglers
Joachim Fielitz – ausverkauft –

De isern Hinnerk (1988)
Der historische Hintergrund einer Sagengestalt
Reinhard Wais – ausverkauft –

»7 Mäuse« (1988)
Kinderbuch
Christa Donatius, Hanna Delius – ausverkauft –

Een Jung ut Harsfeld (1988)
Plattdeutsche Geschichten
Hinrich Gerken – ausverkauft –

Leben unterm Hakenkreuz (1989)
Walter Holst – ausverkauft –

Geschichten und Döntjes aus dem Heimatland
(1989)
Adolf Peter Krönke – ausverkauft –

Stade im Rückblick/Band I (1989)
Das Stadtbild in den dreißiger Jahren
Hans-Otto Schlichtmann

Wildspezialitäten (1990/1994)
3. Auflage
Ein Kochbuch mit Rezepten aus
dem Landkreis Stade
Hans-Peter Fitschen –ausverkauft –

Harsfelder Platt (1990)
Plattdeutsche Geschichten
Hinrich Gerken – ausverkauft –

So wöör dat (1991)
Plattdeutsche Interviews
Walter Holst – ausverkauft –

Stade im Rückblick/Band II (1991)
Das Stadtbild in den fünfziger Jahren
Hans-Otto Schlichtmann – ausverkauft –

Duppelte Heimat (1992)
Plattdeutsche Geschichten
Hinrich Gerken – ausverkauft –

Himmel & Erde (1993)
5. Auflage
Kreisverband der Landfrauenvereine
des Kreises Stade – ausverkauft –

»wohltätig – nützlich – segensreich« (1993)
Die Geschichte der Kreissparkasse Stade und ihrer
Vorgängerinstitute im historischen Umfeld des
Elbe-Weser-Raumes
Bernd Kappelhoff

1000 Jahre Stade (1994)
Bilder aus dem Jubiläumsjahr – ausverkauft –

Fründschaft un Dankborkeit (1994)
Plattdeutsche Geschichten
Hinrich Gerken – ausverkauft –

... denn weern wi beiden Frünnen (1995)
Plattdeutsche Geschichten und Gedichte
– Niederdeutscher Kulturpreis 1994 –
Autoren aus dem Landkreis Stade– ausverkauft –

Anna Catharina (1995)
Buten un binnen
Plattdeutsche Geschichten
Heike Fedderke – ausverkauft –

Altes Handwerk im Landkreis Stade (1996)
Katalog zur gleichnamigen Ausstellung
mit Exponaten aus der Region
Klaus Frerichs – ausverkauft –

Alle negen (1996)
Plattdeutsche Geschichten
Hinrich Gerken – ausverkauft –

Die Jäger im Landkreis Stade (1996)
50 Jahre für Wildtiere, Umwelt und Jagd
1946 – 1996
Hans-Peter Fitschen

Wir bewegen das Land (1997)
50 Jahre Kreislandfrauenverband
Stade – ausverkauft –

Stader Schiffahrt und Häfen I (1997)
Hans-Otto Schlichtmann

»Nix bi dacht« (1998)
Plattdeutsche Geschichten
Hinrich Gerken – ausverkauft –

»Brauchtum und Schießsport« (1998)
Schützentradition im Kreis Stade

Anna Catharina (1998)
»Sübbst is de Fro!«
Plattdeutsche Geschichten
Heike Fedderke – ausverkauft –

Häfen an der Unterelbe II (1998)
Zwischen Oste und Este
Hans-Otto Schlichtmann – ausverkauft –

800 Jahre Agathenburg (1999)
Chronik eines Geestrandortes – ausverkauft –

Fremdbestimmung Mitbestimmung
Selbstbestimmung (1999)
Geschichte des Landkreises Stade
Brage Bei der Wieden / Jan Lokers
– ausverkauft –

Verlorene Namen (2000)
Stader Straßen und ihre Geschichte
Jürgen Bohmbach – ausverkauft –

Mein schöner Vorgarten (2001)
Broschüre zum gleichnamigen Wettbewerb mit
Tipps und Anregungen für Vorgärten

Geschichten aus Kehdingen (2001)
Gardy Stau-Goetz – ausverkauft –

Bützflether Kapitäne und ihre Schiffe (2001)
Chronik mit zahlreichen Bildern

Chronik der Gemeinde Wischhafen /Band I
(2001)
Kulturhistorische und geschichtliche Entwicklung
– ausverkauft –

Raum für eigene Notizen:

NOTIZEN

NOTIZEN

NOTIZEN

NOTIZEN